Das Wort –
Kleines Ding mit Sprengkraft

Hildegard Fillbrandt

HILDEGARD FILLBRANDT

Das Wort

Kleines Ding mit Sprengkraft

Hildegard Fillbrandt
Das Wort – Kleines Ding mit Sprengkraft

Best.-Nr 271 408
ISBN 978-3-86353-408-0

1. Auflage

www.cv-dillenburg.de
Satz und Umschlaggestaltung:
Christliche Verlagsgesellschaft Dillenburg
Umschlagmotiv: © Shutterstock.com/Mr Aesthetics
Druck: Werbedruck GmbH Horst Schreckhase, Spangenberg
Printed in Germany

Inhalt

3. Worte, die beflügeln

4. Worte zum Abschied

Im Anfang war das Wort

Und das Wort war bei Gott,
und Gott war das Wort.
Dasselbe war im Anfang bei Gott.
Alle Dinge sind durch dasselbe gemacht,
und ohne dasselbe ist nichts gemacht,
was gemacht ist.
In ihm war das Leben,
und das Leben war das Licht der Menschen.
Und das Licht scheint in der Finsternis,
und die Finsternis hat's nicht ergriffen.
JOHANNES 1,1-5

Prolog

So klein und unbedeutend es daherkommt, ein Wort kann über Schicksale entscheiden, über Einzelschicksale ebenso wie über das Schicksal ganzer Völker. Ja oder nein. Mehr braucht es oft nicht.

Worte – Werkzeuge des Miteinanders, zwischen Gott und den Menschen und zwischen Mensch und Mensch.

Worte sind das, was den Menschen ausmacht und ihn vom Tier unterscheidet.

Der Mensch ist Gottes Abbild – geschaffen durch sein Wort. Denn Gottes Wort schafft, was es sagt.

Das Wort – kleines Ding mit Sprengkraft, schon im zwischenmenschlichen Bereich. Wenn aber Gott spricht, wie viel gewichtiger, höher, endgültiger und mächtiger sind diese Worte? Worte von Gott findet man in der Bibel, weshalb sie auch als *Das Wort Gottes* bezeichnet wird. Mit Auswirkungen bis in die Ewigkeit.

1. Das Wort Gottes

Gottes gewaltiges Wort

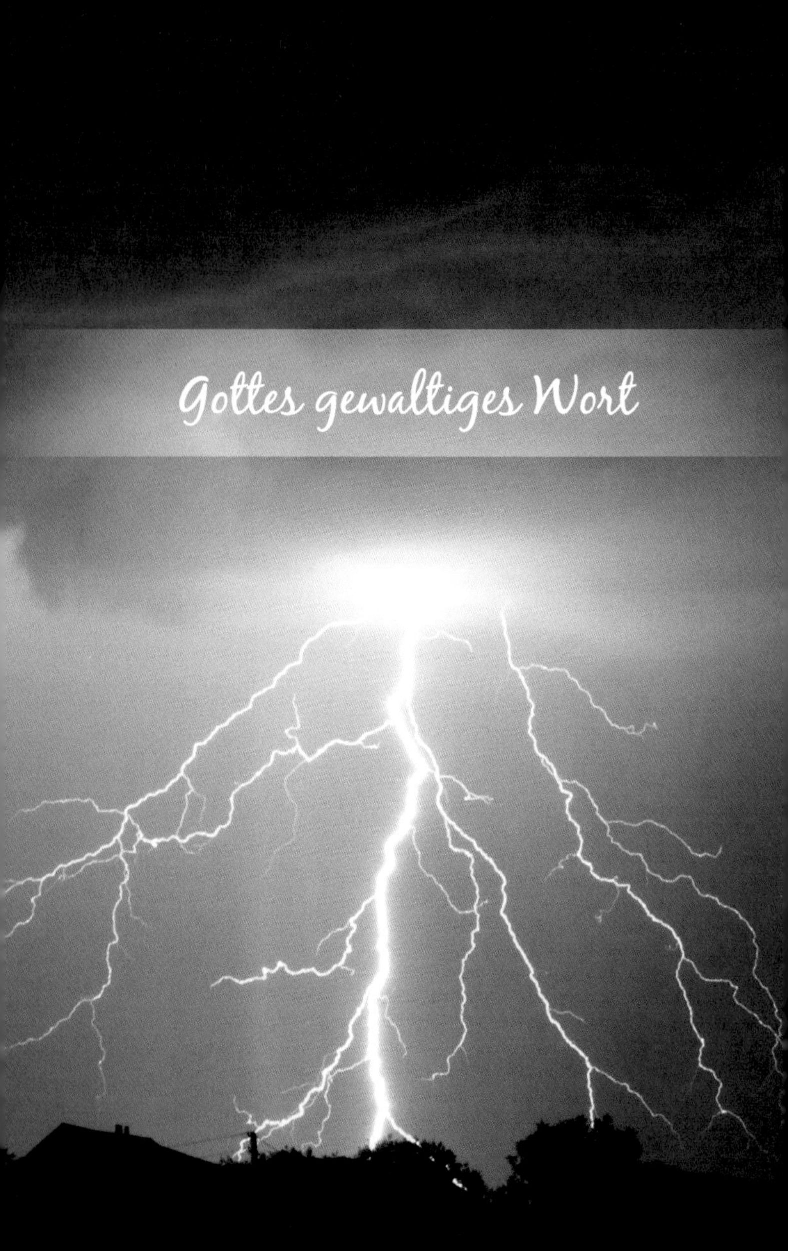

Am Anfang schuf Gott Himmel und Erde.
Und die Erde war wüst und leer,
und es war finster auf der Tiefe;
und der Geist Gottes schwebte auf dem Wasser.
Und Gott sprach:
Es werde Licht! Und es ward Licht.
1. Mose 1,1-3

Wenn (der Herr) spricht, so geschieht's;
wenn er gebietet, so steht's da.
Psalm 33,9

Denn das Wort Gottes
ist lebendig und kräftig und schärfer
als jedes zweischneidige Schwert,
und dringt durch, bis es scheidet
Seele und Geist, auch Mark und Bein,
und ist ein Richter der Gedanken
und Sinne des Herzens.
Hebräer 4,12

Ist mein Wort nicht wie ein Feuer, spricht der Herr,
und wie ein Hammer, der Felsen zerschmeißt?
Jeremia 23,29

Die Worte des Herrn sind lauter wie Silber,
im Tiegel geschmolzen, geläutert siebenmal.
PSALM 12,7

Und das Wort ward Fleisch
und wohnte unter uns,
und wir sahen seine Herrlichkeit,
eine Herrlichkeit als des eingeborenen Sohnes
vom Vater, voller Gnade und Wahrheit.
JOHANNES 1,14

Himmel und Erde werden vergehen;
aber meine Worte vergehen nicht.
LUKAS 21,33

Alles Fleisch ist Gras,
und alle seine Güte
ist wie eine Blume auf dem Felde.
Das Gras verdorrt, die Blume verwelkt,
aber das Wort unseres Gottes bleibt ewiglich.
JESAJA 40,6.8

Ich bin das A und das O,
der Anfang und das Ende.
OFFENBARUNG 21,6

Und er gebe euch
erleuchtete Augen des Herzens,
damit ihr erkennt,
zu welcher Hoffnung
ihr von ihm berufen seid,
wie reich die Herrlichkeit
seines Erbes für die Heiligen ist.
EPHESER 1,18

Denn Gott, der sprach: Licht soll aus der Finsternis hervorleuchten, der hat einen hellen Schein in unsre Herzen gegeben, dass durch uns entstünde die Erleuchtung zur Erkenntnis der Herrlichkeit Gottes in dem Angesicht Jesu Christi.
2. KORINTHER 4,6

Der Hauptmann von Kapernaum:
Als aber Jesus nach Kapernaum hineinging, trat ein Hauptmann zu ihm; der bat ihn und sprach: Herr, mein Knecht liegt zu Hause und ist gelähmt und leidet große Qualen. Jesus sprach zu ihm: Ich will kommen und ihn gesund machen. Der Hauptmann antwortete und sprach: Herr, ich bin nicht wert, dass du unter mein Dach gehst, sondern sprich nur ein Wort, so wird mein Knecht gesund. Denn auch ich bin ein Mensch,

der Obrigkeit untertan, und habe Soldaten unter mir; und wenn ich zu einem sage: Geh hin!, so geht er; und zu einem andern: Komm her!, so kommt er; und zu meinem Knecht: Tu das!, so tut er's. Als das Jesus hörte, wunderte er sich und sprach zu denen, die ihm nachfolgten: Wahrlich, ich sage euch: Solchen Glauben habe ich in Israel bei keinem gefunden!

Und Jesus sprach zu dem Hauptmann: Geh hin; dir geschehe, wie du geglaubt hast. Und sein Knecht wurde gesund zu derselben Stunde.

MATTHÄUS 8,5-10.13

Sturm auf dem See Genezareth

Und es erhob sich ein großer Windwirbel, und die Wellen schlugen in das Boot, sodass das Boot schon voll wurde. Und er war hinten im Boot und schlief auf einem Kissen. Und sie weckten ihn auf und sprachen zu ihm: Meister, fragst du nichts danach, dass wir umkommen? Und er stand auf und bedrohte den Wind und sprach zu dem Meer: Schweig und verstumme! Und der Wind legte sich und es entstand eine große Stille.

MARKUS 4,37-39

Der Fischzug des Petrus

(Jesus sprach) zu Simon: Fahre hinaus, wo es tief ist, und werft eure Netze zum Fang aus! Und Simon antwortete und sprach: Meister, wir haben die ganze Nacht gearbeitet und nichts gefangen; aber auf dein Wort hin will ich die Netze auswerfen. Und als sie das taten, fingen sie eine große Menge Fische und ihre Netze begannen zu reißen. Und sie winkten ihren Gefährten, die im andern Boot waren, sie sollten kommen und mit ihnen ziehen. Und sie kamen und füllten beide Boote voll, sodass sie fast sanken.

LUKAS 5,4-7

Die Gebote Gottes

Ich bin der Herr, dein Gott, der ich dich aus Ägyptenland, aus der Knechtschaft, geführt habe.

Du sollst keine anderen Götter haben neben mir.

Du sollst dir kein Bildnis noch irgendein Gleichnis machen, weder von dem, was oben im Himmel, noch von dem, was unten auf Erden, noch von dem, was im Wasser unter der Erde ist.

Bete sie nicht an und diene ihnen nicht! Denn ich, der Herr, dein Gott, bin ein eifernder Gott, der die Missetat der Väter heimsucht bis ins dritte und vierte Glied an den Kindern derer, die mich hassen, aber Barmherzigkeit erweist an vielen tausenden, die mich lieben und meine Gebote halten.

Du sollst den Namen des Herrn, deines Gottes, nicht missbrauchen; denn der Herr wird den nicht ungestraft lassen, der seinen Namen missbraucht.

Gedenke des Sabbattages, dass du ihn heiligst. Sechs Tage sollst du arbeiten und alle deine Werke tun. Aber am siebenten Tage ist der Sabbat des Herrn, deines Gottes. Da sollst du keine Arbeit tun, auch nicht dein Sohn, deine Tochter, dein Knecht, deine Magd, dein Vieh, auch nicht dein Fremdling, der in deiner Stadt lebt.

Denn in sechs Tagen hat der Herr Himmel und Erde gemacht und das Meer und alles, was darinnen ist, und ruhte am siebenten Tage. Darum segnete der Herr den Sabbattag und heiligte ihn.

Du sollst deinen Vater und deine Mutter ehren, auf dass du lange lebest in dem Lande, das dir der Herr, dein Gott, geben wird.

Du sollst nicht töten.

Du sollst nicht ehebrechen.

Du sollst nicht stehlen.

Du sollst nicht falsch Zeugnis reden wider deinen Nächsten.

Du sollst nicht begehren deines Nächsten Haus. Du sollst nicht begehren deines Nächsten Frau,

Knecht, Magd, Rind, Esel noch alles, was dein Nächster hat.
2. MOSE 20,1-17

Die Zehn Gebote sind deshalb
so einfach und klar, weil keine
Expertenausschüsse mitgearbeitet haben.
CHARLES DE GAULLE

Vom Kopf ins Herz

Die ersten Jahre nach meiner Bekehrung habe ich gelesen, gelesen, gelesen. Und zwar alles, was mir in die Finger kam, denn ich hatte einen riesigen Nachholbedarf. Ich wusste nichts über das Leben eines Christen, über den Glauben, über andere Religionen, über Zusammenhänge zwischen Judentum und Christentum, über die Kirchengeschichte und über tausend andere Themen dazwischen. Ich wollte alles richtig machen, und dazu musste ich wissen, wie „richtig" geht.

Probleme tauchten auf. Ich stellte fest, dass die Bücher oft kontroverse Meinungen vertraten, dass ein Autor das genaue Gegenteil von dem behauptete, was ein anderer Autor schrieb. Wie denn nun? Waren nicht beide entschiedene Christen und glaubten an denselben Gott?

Oder Bücher mit den berühmten Zehn-Punkte-Listen, die einem versprachen, dass man nach Abarbeiten der einzelnen Punkte entweder ein bevollmächtigter Beter sein würde oder ein glühender Missionar, ein begnadeter Redner usw. Spätestens nach Punkt vier schmiss ich das Handtuch und gab auf. Bei mir funktionierte das nie.

Die wahre Erleuchtung geht anders. Abseits der schlauen Literatur spricht Gott auch heute noch.

Leise, fast unhörbar. Aber dann macht es peng!

Tausend Mal berührt, tausend Mal ist nichts passiert! Ich lese eine Passage in der Bibel, einen Text, den ich schon oft gelesen oder gehört habe, ich kenne ihn und seine Bedeutung. Aber plötzlich wird er lebendig, spricht mich an, und zwar so stark, dass das Herz aufgeht und alles bisherige Wissen darüber in ein völlig neues Licht stellt. Gottes Wort ist vom Hirn ins Herz gerutscht. Das Wissen ist einem tiefen Verstehen gewichen, höher als alle Vernunft.

Gottes Mut machende Worte

Es heißt, die Worte „Fürchte dich nicht" kommen 365-mal in der gesamten Bibel vor. Auch wenn nicht immer exakt dieser Wortlaut, je nach Bibelübersetzung, dann doch die Bedeutung des Zitats: Hab keine Angst, wo du auch hingehst, ich bin bei dir, was du auch tust, ich kümmere mich um dich. Für jeden Tag des Jahres also eine Zusage über die Fürsorge Gottes.

Fürchte dich nicht, ich bin mit dir.
JESAJA 41,10

Der Herr ist mit mir,
darum fürchte ich mich nicht;
was können mir Menschen tun?
PSALM 118,6

Dein Wort ist meines Fußes Leuchte
und ein Licht auf meinem Wege.
PSALM 119,105

Rufe mich an in der Not,
so will ich dich erretten
und du sollst mich preisen.
PSALM 50,15

Wohl dem, der nicht wandelt im Rat der Gottlosen
noch tritt auf den Weg der Sünder
noch sitzt, wo die Spötter sitzen,
sondern hat Lust am Gesetz des Herrn
und sinnt über seinem Gesetz Tag und Nacht!
Der ist wie ein Baum,
gepflanzt an den Wasserbächen,
der seine Frucht bringt zu seiner Zeit,
und seine Blätter verwelken nicht.
Und was er macht, das gerät wohl.
PSALM 1,1-3

Solange die Erde steht, soll nicht aufhören
Saat und Ernte, Frost und Hitze,
Sommer und Winter, Tag und Nacht.
1. MOSE 8,22

Kommt her zu mir,
alle, die ihr mühselig und beladen seid;
ich will euch erquicken.
MATTHÄUS 11,28

Wer zu mir kommt,
den werde ich nicht hinausstoßen.
JOHANNES 6,37

Worte Jesu: Ich bin …

das **Brot des Lebens.**
Wer zu mir kommt,
den wird nicht hungern;
und wer an mich glaubt,
den wird nimmermehr dürsten.
Johannes 6,35

das **Licht der Welt**.
Wer mir nachfolgt,
der wird nicht wandeln in der Finsternis,
sondern wird das Licht des Lebens haben.
Johannes 8,12

die **Tür**;
wenn jemand durch mich hineingeht,
wird er selig werden und
wird ein- und aus gehen
und Weide finden.
Johannes 10,9

der **gute Hirte.**
Der gute Hirte lässt sein Leben für die Schafe.
Johannes 10,11

*der **Weinstock**, ihr seid die Reben. Wer in mir bleibt und ich in ihm, der bringt viel Frucht; denn ohne mich könnt ihr nichts tun.*
JOHANNES 15,5

Worte Jesu: Ihr seid ...

Kinder
eures Vaters im Himmel.
MATTHÄUS 5,45

*das **Salz der Erde**.*
Wenn nun das Salz nicht mehr salzt,
womit soll man salzen?
MATTHÄUS 5,13

*das **Licht der Welt**.*
Es kann die Stadt,
die auf einem Berge liegt,
nicht verborgen sein.
Man zündet auch nicht ein Licht an
und setzt es unter einen Scheffel,
sondern auf einen Leuchter.
MATTHÄUS 5,14.15

das **Licht der Welt**.
Es kann die Stadt,
die auf einem Berge liegt,
nicht verborgen sein.
Man zündet auch nicht ein Licht an
und setzt es unter einen Scheffel,
sondern auf einen Leuchter.
MATTHÄUS 5,14.15

selig,
wenn euch die Menschen um meinetwillen
schmähen und verfolgen
und reden allerlei Übles gegen euch,
wenn sie damit lügen.
MATTHÄUS 5,11

Wer mein Wort hört
und glaubt dem, der mich gesandt hat,
der hat das ewige Leben
und kommt nicht in das Gericht,
sondern er ist vom Tode
zum Leben hindurchgedrungen.
JOHANNES 5,24

Gottes Wort – ausgestreuter Samen

Das größte Wunder

… geschieht in dem Augenblick, wenn ein Mensch, der sich nie für Gott interessiert hat oder ihm bewusst aus dem Weg gegangen ist oder ihn gar für tot erklärt hat, plötzlich glauben kann. Wenn ein Samenkorn, das lange Zeit zuvor ausgestreut wurde, auf einmal anfängt zu keimen und aufzugehen. Wenn Worte Gottes für diesen Menschen lebendig werden, wo vorher nur stumme, gewöhnliche Buchstaben standen.

Der Sämann

Es ging ein Sämann aus zu säen seinen Samen. Und indem er säte, fiel einiges auf den Weg und wurde zertreten, und die Vögel unter dem Himmel fraßen's auf. Und einiges fiel auf den Fels; und als es aufging, verdorrte es, weil es keine Feuchtigkeit hatte. Und einiges fiel mitten unter die Dornen; und die Dornen gingen mit auf und erstickten's. Und einiges fiel auf das gute Land; und es ging auf und trug hundertfach Frucht. Da er das sagte, rief er: Wer Ohren hat zu hören, der höre!

Es fragten ihn aber seine Jünger, was dies Gleichnis bedeute. Er aber sprach: Euch ist's gegeben, die Geheimnisse des Reiches Gottes zu verstehen, den andern aber in Gleichnissen, dass sie es nicht sehen, auch wenn sie es sehen, und nicht verstehen, auch wenn sie es hören.

Das Gleichnis aber bedeutet dies: Der Same ist das Wort Gottes. Die aber auf dem Weg, das sind die, die es hören; danach kommt der Teufel und nimmt das Wort aus ihrem Herzen, damit sie nicht glauben und selig werden. Die aber auf dem Fels sind die: Wenn sie es hören, nehmen sie das Wort mit Freuden an. Doch sie haben keine Wurzel; eine Zeit lang glauben sie, und zu der Zeit der Anfechtung fallen sie ab. Was aber unter die Dornen fiel, sind die, die es hören und gehen hin und ersticken unter den Sorgen, dem Reichtum und den Freuden des Lebens und bringen keine Frucht zur Reife. Das aber auf dem guten Land sind die, die das Wort hören und behalten in einem feinen, guten Herzen und bringen Frucht in Geduld.
LUKAS 8,5-15

Denn gleichwie der Regen und Schnee vom Himmel fällt und nicht wieder dahin zurückkehrt, sondern feuchtet die Erde und macht sie fruchtbar und lässt wachsen, dass sie gibt Samen zu säen und Brot zu essen, so soll das Wort, das aus meinem Munde geht, auch sein: Es wird nicht wieder leer zu mir zurückkommen, sondern wird tun, was mir gefällt, und ihm wird gelingen, wozu ich es sende.
JESAJA 55,10-11

Und darum danken wir auch Gott ohne Unterlass dafür, dass ihr das Wort der göttlichen Predigt, das ihr von uns empfangen habt, nicht als Menschenwort aufgenommen habt, sondern als das, was es in Wahrheit ist, als Gottes Wort, das in euch wirkt, die ihr glaubt.

THESSALONICHER 2,13

Gottes Wort –
Brot des Lebens

Brot ist seit Urzeiten ein Grundnahrungsmittel für uns Menschen. Wir Deutschen lieben es besonders, nirgendwo auf der Welt gibt es eine solche Brotvielfalt wie hierzulande. Brot ist aber auch ein Synonym für alles, was der Körper zum Existieren braucht. Ohne Brot kein Leben. Gott hat uns so geschaffen und es ist ihm wichtig, dass wir versorgt werden. Jesus lehrt uns deshalb auch so beten: „… unser tägliches Brot gib uns heute."

Ebenso brauchen wir geistliche Speise. So wie der Leib ohne Nahrung verhungert, so stirbt auch das geistliche Leben in uns oder wächst erst gar nicht, wenn es keine Nahrung bekommt. Gottes Wort ist die geistliche Speise; es nährt uns, indem wir es lesen, hören, täglich zu uns nehmen. Es lässt uns geistlich wachsen, reifen. Macht uns stark und mündig, schenkt uns den rechten Blickwinkel für diese Welt. Und eine Hoffnung und freudige Zuversicht für das Leben danach.

Jesus aber sprach zu ihnen:
Ich bin das Brot des Lebens.
Wer zu mir kommt, den wird nicht hungern;
und wer an mich glaubt, den wird nimmermehr dürsten.
JOHANNES 6,35

Dein Wort ward meine Speise, sooft ich's empfing;
und dein Wort ist meines Herzens Freude und Trost.
JEREMIA 15,16A

Denn mein Fleisch ist die wahre Speise,
und mein Blut ist der wahre Trank.
JOHANNES 6,55

Unser tägliches Brot gib uns heute.
MATTHÄUS 6,11

… dass der Mensch nicht lebt vom Brot allein,
sondern von allem,
was aus dem Mund des Herrn geht.
5. MOSE 8,3

Aller Augen warten auf dich,
und du gibst ihnen ihre Speise zur rechten Zeit.
Du tust deine Hand auf und sättigst alles,
was lebt, nach deinem Wohlgefallen.
PSALM 145,15.16

Gott hält, was er verspricht

Was Gott verheißt, das kann er auch tun.
RÖMER 4,21

Das Volk Gottes

Und der Herr sprach zu Abram: Geh aus deinem Vaterland und von deiner Verwandtschaft und aus deines Vaters Hause in ein Land, das ich dir zeigen will. Und ich will dich zum großen Volk machen und will dich segnen und dir einen großen Namen machen, und du sollst ein Segen sein. Ich will segnen, die dich segnen, und verfluchen, die dich verfluchen; und in dir sollen gesegnet werden alle Geschlechter auf Erden.
1. MOSE 12,1-3

So hat der Herr Israel das ganze Land gegeben, das er geschworen hatte, ihren Vätern zu geben, und sie nahmen's ein und wohnten darin. Und der Herr gab ihnen Ruhe ringsumher, ganz wie er ihren Vätern geschworen hatte; und keiner ihrer Feinde widerstand ihnen, sondern alle ihre Feinde gab er in ihre Hände. Es war nichts dahingefallen von all dem guten Wort, das der Herr dem Hause Israel verkündigt hatte. Es war alles gekommen.
JOSUA 21,43-45

Der Messias

Aber für Zion wird er als Erlöser kommen
und für die in Jakob, die sich
von der Sünde abwenden, spricht der Herr.
JESAJA 59,20

(Jesus sprach:)
Seht, wir gehen hinauf nach Jerusalem,
und es wird alles vollendet werden,
was geschrieben ist durch die Propheten
von dem Menschensohn.
LUKAS 18,31

Und jetzt habe ich's euch gesagt, ehe es geschieht,
damit ihr glaubt, wenn es nun geschehen wird.
JOHANNES 14,29

Kreuz – Tod – Erlösung

Er schoss auf vor ihm wie ein Reis und wie eine Wurzel aus dürrem Erdreich. Er hatte keine Gestalt und Hoheit. Wir sahen ihn, aber da war keine Gestalt, die uns gefallen hätte. Er war der Allerverachtetste und Unwerteste, voller Schmerzen und Krankheit. Er war so verachtet, dass man das Angesicht vor ihm verbarg; darum haben wir ihn für nichts geachtet. Fürwahr, er

trug unsre Krankheit und lud auf sich unsre Schmerzen. Wir aber hielten ihn für den, der geplagt und von Gott geschlagen und gemartert wäre. Aber er ist um unsrer Missetat willen verwundet und um unsrer Sünde willen zerschlagen. Die Strafe liegt auf ihm, auf dass wir Frieden hätten, und durch seine Wunden sind wir geheilt.
JESAJA 53,2-5

Und als er noch redete, siehe, da kam Judas, einer von den Zwölfen, und mit ihm eine große Schar mit Schwertern und mit Stangen, von den Hohenpriestern und Ältesten des Volkes. Und der Verräter hatte ihnen ein Zeichen genannt und gesagt: Welchen ich küssen werde, der ist's; den ergreift. Und alsbald trat er zu Jesus und sprach: Sei gegrüßt, Rabbi!, und küsste ihn. Jesus aber sprach zu ihm: Mein Freund, dazu bist du gekommen? Da traten sie heran und legten Hand an Jesus und ergriffen ihn.

Und siehe, einer von denen, die bei Jesus waren, streckte die Hand aus und zog sein Schwert und schlug nach dem Knecht des Hohenpriesters und hieb ihm ein Ohr ab. Da sprach Jesus zu ihm: Stecke dein Schwert an seinen Ort! Denn wer das Schwert nimmt, der wird durchs Schwert umkommen. Oder meinst du, ich könnte meinen Vater nicht bitten, dass er mir sogleich mehr als zwölf Legionen Engel schickte? Wie würde dann aber die Schrift erfüllt, dass es so geschehen muss?

Zu der Stunde sprach Jesus zu der Schar: Ihr seid ausgezogen wie gegen einen Räuber mit Schwertern und mit Stangen, mich zu fangen. Habe ich doch täglich im Tempel gesessen und gelehrt, und ihr habt mich nicht ergriffen. Aber das ist alles geschehen, auf dass erfüllt würden die Schriften der Propheten. Da verließen ihn alle Jünger und flohen.

MATTHÄUS 26,47-56

Als aber die Soldaten Jesus gekreuzigt hatten, nahmen seine Kleider und machten vier Teile, für jeden Soldaten einen Teil, dazu auch das Gewand. Der aber war ungenäht, von oben an gewebt in einem Stück. Da sprachen sie untereinander: Lasst uns den nicht zerteilen, sondern darum losen, wem er gehören soll. So sollte die Schrift erfüllt werden, die sagt (Psalm 22,19): „Sie haben meine Kleider unter sich geteilt und haben über mein Gewand das Los geworfen." Das taten die Soldaten.

Danach, als Jesus wusste, dass schon alles vollbracht war, spricht er, damit die Schrift erfüllt würde: Mich dürstet. Da stand ein Gefäß voll Essig. Sie aber füllten einen Schwamm mit Essig und steckten ihn auf ein

Ysoprohr und hielten es ihm an den Mund. Als nun Jesus den Essig genommen hatte, sprach er: Es ist vollbracht!, und neigte das Haupt und verschied.

Weil es aber Rüsttag war und die Leichname nicht am Kreuz bleiben sollten den Sabbat über – denn dieser Sabbat war ein hoher Festtag –, baten die Juden Pilatus, dass ihnen die Beine gebrochen und sie abgenommen würden. Da kamen die Soldaten und brachen dem Ersten die Beine und auch dem andern, der mit ihm gekreuzigt war. Als sie aber zu Jesus kamen und sahen, dass er schon gestorben war, brachen sie ihm die Beine nicht; sondern einer der Soldaten stieß mit einer Lanze in seine Seite, und sogleich kam Blut und Wasser heraus.

Denn das ist geschehen, damit die Schrift erfüllt würde (2. Mose 12,46): „Ihr sollt ihm kein Bein zerbrechen." Und wiederum sagt die Schrift an einer andern Stelle (Sacharja 12,10): „Sie werden den sehen, den sie durchbohrt haben."

JOHANNES 19,23-24,28-34,36-37

Jesus kommt wieder

Die nun zusammengekommen waren, fragten ihn und sprachen: Herr, wirst du in dieser Zeit wieder aufrichten das Reich für Israel? Er sprach aber zu ihnen: Es gebührt euch nicht, Zeit oder Stunde zu wissen, die

der Vater in seiner Macht bestimmt hat; aber ihr werdet die Kraft des Heiligen Geistes empfangen, der auf euch kommen wird, und werdet meine Zeugen sein in Jerusalem und in ganz Judäa und Samarien und bis an das Ende der Erde. Und als er das gesagt hatte, wurde er zusehends aufgehoben, und eine Wolke nahm ihn vor ihren Augen weg. Und als sie ihm nachsahen, wie er gen Himmel fuhr, siehe, da standen bei ihnen zwei Männer in weißen Gewändern. Die sagten: Ihr Männer von Galiläa, was steht ihr da und seht zum Himmel? Dieser Jesus, der von euch weg gen Himmel aufgenommen wurde, wird so wiederkommen, wie ihr ihn habt gen Himmel fahren sehen.
APOSTELGESCHICHTE 1,6-11

Neuer Himmel – neue Erde

Und ich sah einen neuen Himmel und eine neue Erde; denn der erste Himmel und die erste Erde sind vergangen, und das Meer ist nicht mehr. Und ich sah die heilige Stadt, das neue Jerusalem, von Gott aus dem Himmel herabkommen, bereitet wie eine geschmückte Braut für ihren Mann.

Und ich hörte eine große Stimme von dem Thron her, die sprach: Siehe da, die Hütte Gottes bei den Menschen! Und er wird bei ihnen wohnen, und sie werden sein Volk sein, und er selbst, Gott mit ihnen, wird ihr Gott sein; und Gott wird abwischen alle Tränen von ihren Augen, und der Tod wird nicht mehr sein, noch Leid noch Geschrei noch Schmerz wird mehr sein; denn das Erste ist vergangen.

Und der auf dem Thron saß, sprach: Siehe, ich mache alles neu! Und er spricht: Schreibe, denn diese Worte sind wahrhaftig und gewiss!

Wer überwindet, der wird es alles ererben, und ich werde sein Gott sein und er wird mein Sohn sein.

OFFENBARUNG 21,1-5.7

Gottes Wort allein –
Fundament des Glaubens

Die Bibel – der erfolgreichste Bestseller aller Zeiten. Das „Buch der Bücher“ erreicht weltweit eine jährliche Auflage von 500 bis 700 Millionen und wurde in mehr als 2500 Sprachen übersetzt. In Europa prägte sie wesentlich die Kultur, die Kunst, die Musik und die Architektur. Das Grundgesetz und die Menschenrechte fußen auf den Werten der Bibel.

Die „Heilige Schrift“ ist eine Sammlung von 66 Einzelbüchern. Unterteilt in Altes Testament mit 39 Büchern und Neues Testament mit 27 Büchern. Geschrieben von etwa 40 Autoren, inspiriert durch den Heiligen Geist, verfasst in den Sprachen Hebräisch, Aramäisch und Altgriechisch in einer Zeitspanne von ungefähr 1200 Jahren.

Der Liebesbrief Gottes an uns Menschen.

Was können (die Weisen) Weises lehren,
wenn sie des Herrn Wort verwerfen?
Jeremia 8,9

Ich freue mich über dein Wort wie einer,
der große Beute macht.
Psalm 119,162

Wer an mich glaubt,
wie die Schrift sagt,
von dessen Leib werden
Ströme lebendigen Wassers fließen.
JOHANNES 7,38

Wenn ihr bleiben werdet an meinem Wort,
so seid ihr wahrhaftig meine Jünger
und werdet die Wahrheit erkennen,
und die Wahrheit wird euch frei machen.
JOHANNES 8,31-32

Wie wird ein junger Mann
seinen Weg unsträflich gehen?
Wenn er sich hält an deine Worte.
Ich behalte dein Wort in meinem Herzen,
damit ich nicht wider dich sündige.
Das ist mein Trost in meinem Elend;
Dass dein Wort mich erquickt.
PSALM 119,9.11.50

Bekenntnis des Petrus

Von da an wandten sich viele seiner Jünger ab und gingen hinfort nicht mehr mit ihm. Da fragte Jesus die Zwölf: Wollt ihr auch weggehen? Da antwortete ihm

Simon Petrus: Herr, wohin sollen wir gehen? Du hast Worte des ewigen Lebens; und wir haben geglaubt und erkannt: Du bist der Heilige Gottes.
JOHANNES 6,66-69

Im Neuen Testament finde ich unendlich mehr
Klarheit und tiefere Wahrheit
als in allen Schriften aller Philosophen zusammen.
IMMANUEL KANT

Eine gründliche Kenntnis der Bibel
ist mehr wert als ein Universitätsstudium.
THEODORE ROOSEVELT

Hier liegt das Buch par Excellence
auf meinem Tische (das Evangelium),
ich werde nicht müde, es immer wieder zu lesen;
jeden Tag lese ich es mit derselben Lust.
NAPOLEON I. BONAPARTE

Die Heilige Schrift sollte unser Wörterbuch,
unsere Sprachkunst sein, worauf alle Begriffe
und Reden der Christen sich gründeten,
woraus sie bestanden und zusammengesetzt werden.
JOHANN GEORG HAMANN

Die Bibel ist das genialste aller Bücher.
Sie zu studieren ist das edelste aller Vorrechte.
Sie zu verstehen das größte Ziel.
CHARLES CALDWELL RYRIE

Der geheime Schatz

Bücher übten schon als Kind eine magische Anziehungskraft auf mich aus. Ebenso Dachböden. Sie verführen geradezu, auf Schatzsuche zu gehen. Und so kam es, dass ich mich immer, wenn mir gerade nichts Besseres einfiel, auf den Dachboden schlich und in Gedanken in eine fantastische Welt abtauchte. Manchmal mit einem spannenden Buch, oft erdachte ich auch eigene Geschichten. Ich erlebte gefährliche Abenteuer, rettete und wurde gerettet, und fast immer spielte ein wertvoller Schatz die Hauptrolle.

Und diesen Schatz gab es wirklich. Ich hatte ihn in einer alten Kommode entdeckt zwischen Wäsche und Geschirr, nichts Besonderes auf den ersten Blick: ein dickes Buch, rotbraun-melierter Buchdeckel, etwas verschlissen. Als ich es aufklappte, wusste ich: Ich hatte meinen Schatz gefunden. Die erste Seite war kunstvoll von Hand mit farbigen Ornamenten verziert, in alter deutscher Handschrift stand eine Widmung für meine Urgroßmutter darauf, datiert auf April 1861. Die Heilige Schrift aus dem Jahre 1860. Als Kind war das für mich eine märchenhaft lange Zeit zurück. Ich brauchte Monate, bis ich die Widmung entziffern konnte. Dieses Dachbodengeheimnis behielt ich für mich, niemand sollte seinen Zauber zerstören.

Als ich erwachsen war, wurde mir der Wert meines Kinderschatzes in einer völlig neuen Dimension bewusst. Ich liebe Gottes Wort, ich kenne seine Kraft, vertraue seiner Kraft. Sie ist mein tägliches Brot. Diese antike Bibel aus Kindertagen steht heute in meinem Bücherschrank, als materieller und geistlicher Schatz.

Redewendungen und
Sprichwörter mit
biblischem Ursprung

Alt wie Methusalem
(1. Mose 5,25-27)

Die Spreu vom Weizen trennen
(Matthäus 3,12; Lukas 3,17)

Ein Buch mit sieben Siegeln
(Offenbarung 5,1.5)

Ein gerüttelt Maß
(Lukas 6,38)

Ein schwarzes Schaf
(1. Mose 30,32)

Eine Hiobsbotschaft erhalten
(Hiob)

Etwas hüten wie seinen Augapfel
(5. Mose 32,10; Psalm 17,8; Sprüche 7,2)

Jemandem sein Herz ausschütten
(Psalm 42,5)

Sein Licht unter den Scheffel stellen
(Matthäus 5,15; Markus 4,21; Lukas 11,31)

Seine Hände in Unschuld waschen
(Psalm 26,6; 73,13; Matthäus 27,24)

Sich wie ein Lamm zur Schlachtbank führen lassen
(Jesaja 53,7; Jeremia 11,19)

Wie Schuppen von den Augen fallen
(Apostelgeschichte 9,18)

Zur Salzsäule erstarren
(1. Mose 19,26)

Alle Wasser laufen ins Meer
(Prediger 1,7)

Bleibe im Lande und nähre dich redlich
(Psalm 37,3)

Den Seinen gibt's der Herr im Schlaf
(Denn seinen Freunden gibt er es im Schlaf)
(Psalm 127,2)

Hochmut kommt vor dem Fall
(Sprüche 16,18)

Wer anderen eine Grube gräbt, fällt selbst hinein
(Sprüche 26,27; Prediger 10,8)

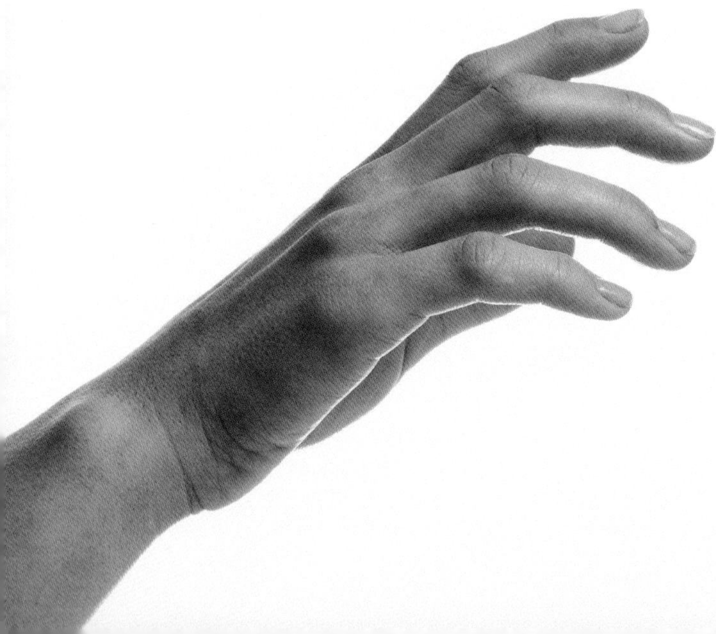

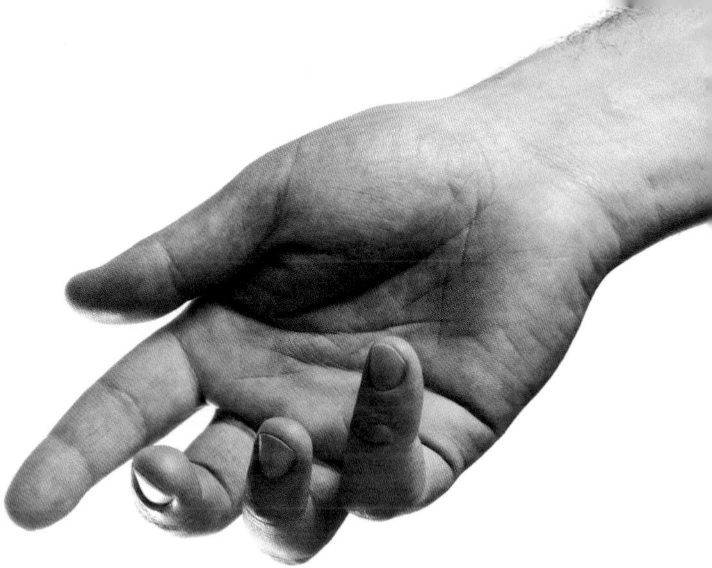

2. Worte des Miteinanders

Wohltuende Worte

Scheinbar unscheinbare Worte

Die erstaunlichsten Erfahrungen vollziehen sich meist leise und unbemerkt. Und stimmen zutiefst dankbar, machen demütig. Mir ist es schon oft passiert, dass nach Monaten, manchmal nach Jahren, jemand auf mich zukommt und mir erzählt, wie ich damals für ihn eine große Hilfe, ein Segen war. Meist waren es Worte, Glaubens- und Lebenserfahrungen, die ich mit diesem Menschen ausgetauscht hatte. Manchmal auch nur einen Satz so ganz nebenbei, der irgendwie zum Nachdenken verführte und bleibenden Eindruck hinterließ. Oder eine kleine Geste oder die Art, wie ich auf etwas reagierte. Und während dieser jemand mir dies erzählt, grübele ich zutiefst durch alle Gehirnwindungen und kann mich absolut nicht daran erinnern, was ich damals Besonderes gesagt haben soll.

Ein Wort, geredet zu rechter Zeit,
ist wie goldene Äpfel auf silbernen Schalen.
Sprüche 25,11

Sorge im Herzen bedrückt den Menschen;
aber ein freundliches Wort erfreut ihn.
Sprüche 12,25

Die Worte in eines Mannes Munde
sind wie tiefe Wasser,
und die Quelle der Weisheit
ist ein sprudelnder Bach.
SPRÜCHE 18,4

Redet, was gut ist, was erbaut
und was notwendig ist,
damit es Segen bringe denen, die es hören.
EPHESER 4,29

Es ist dir gesagt, Mensch, was gut ist
und was der Herr von dir fordert,
nämlich Gottes Wort halten und Liebe üben
und demütig sein vor deinem Gott.
MICHA 6,8

So wahr der Herr lebt:
Was mein Gott sagen wird,
das will ich reden.
2. CHRONIK 18,13

Ein Wort der Güte ist besser als eine dicke Pastete.
RUSSISCHES SPRICHWORT

Von einem guten Kompliment
kann ich zwei Monate leben.
MARK TWAIN

Liebe Hanna,
Dein Brief hat mich umgehauen! – Und eine Revolution in Gang gesetzt. Vor allem das Zitat: „Glücklich ist, wer es versteht, aus den Blumen in seiner Umgebung einen Strauß zu binden."

Erst dachte ich, die hat gut reden, in B. gibt es viel mehr Möglichkeiten als in meiner kleinen Stadt. Aber bei näherer Betrachtung musste ich zugeben, dass Deine Startbedingungen weitaus schwieriger waren, als meine hier je gewesen sind. Und dass Du, im Gegensatz zu mir, nicht rumsitzt und jammerst und Vergangenem nachtrauerst. Du musstest alles zurücklassen, mit 60 Jahren in einer fremden Stadt komplett bei Null anfangen, und hast Dich in kurzer Zeit auf so viel Neues und Interessantes eingelassen. Bei mir sind nur die Kinder erwachsen geworden und haben sich berufsbedingt in ganz Deutschland verstreut.

Und dann habe ich angefangen, mich umzugucken nach den Blumen in meiner Umgebung. Und siehe da, es gibt so viele, dass ich gar nicht alle pflücken kann! Es werden Leute gebraucht als Lesepaten, bei Mehrgenerationenprojekten, bei der Hausaufgabenhilfe, Nachbarschaftshilfe, Frauenhilfe, Freiwilligenagentur. Die Angebote der VHS und der Kirchengemeinde noch nicht mal mitgezählt. Es gibt sogar eine 50Plus-Theatergruppe.

Danke für das wunderschöne Zitat, das mir die Augen geöffnet hat. Danke für Deinen Brief. Als Lesepatin vergnüge ich mich nun zweimal die Woche in einer Grundschule und fühle mich so lebendig und frisch wie lange nicht mehr. Ich werde gebraucht, habe eine sinnvolle Aufgabe, Schüler und Lehrer freuen sich auf mich, was mich zusätzlich motiviert. Eine schöne Blume für meinen Strauß, weitere werden folgen.

Herzlichste Grüße

Uta

Dankesworte

Lobe den Herrn, meine Seele,
und was in mir ist, seinen heiligen Namen!
Lobe den Herrn, meine Seele,
und vergiss nicht, was er dir Gutes getan hat:
der dir alle deine Sünde vergibt
und heilet alle deine Gebrechen,
der dein Leben vom Verderben erlöst,
der dich krönet mit Gnade und Barmherzigkeit,
der deinen Mund fröhlich macht
und du wieder jung wirst wie ein Adler.
Psalm 103,1-5

Gottes Nahesein

Herr, du erforschest mich und kennest mich.
Ich sitze oder stehe auf, so weißt du es;
du verstehst meine Gedanken von ferne.
Ich gehe oder liege, so bist du um mich
und siehst alle meine Wege.
Denn siehe, es ist kein Wort auf meiner Zunge,
das du Herr, nicht schon wüsstest.
Von allen Seiten umgibst du mich
und hältst deine Hand über mir.
Diese Erkenntnis ist mir zu wunderbar und zu hoch;
Ich kann sie nicht begreifen.
Ich danke dir dafür,

dass ich wunderbar gemacht bin;
wunderbar sind deine Werke;
das erkennt meine Seele.
Deine Augen sahen mich,
als ich noch nicht bereitet war,
und alle Tage waren in dein Buch geschrieben,
die noch werden sollten
und von denen keiner da war.
Erforsche mich, Gott, und erkenne mein Herz;
prüfe mich und erkenne, wie ich's meine!
Und sieh, ob ich auf bösem Wege bin,
und leite mich auf ewigem Wege.
AUS PSALM 139

Dankbare Menschen sind wie fruchtbare Felder;
sie geben das Empfangene zehnfach zurück.
AUGUST VON KOTZEBUE

Wenn sich jemand herzlich bei mir bedankt,
so ist mir, als hätte ich ihm einen Pfennig gegeben
und er sagte Gotteslohn dafür.
WILLIAM SHAKESPEARE

Liebe Caren,
ich möchte Dir ganz herzlich danken, dass Du so hartnäckig warst und mich trotz meiner Widerstände zu dem Konzert überredet hast. Es war völlig anders, als ich mir das vorgestellt hatte, nicht dieses aufgesetzte „Nun-wollen-wir-mal-alle-fröhlich-sein-und-Lieder-singen-Getue“, sondern einfach nur berührend von Herz zu Herz.

Der Liedermacher faszinierte mich von Anfang an. Es war mir, als habe er alle seine Texte nur für mich geschrieben, als habe er die gleichen Schwierigkeiten durchlitten wie ich. Ich fühlte mich auf einmal so mitgenommen und verstanden.

Geblieben ist die Erkenntnis, dass ich nicht alleine in der Welt stehe, es gibt viele Leute, die auch leiden müssen. Nicht nur das, sondern dass sich schwere Zeiten rückblickend als die besonders gesegneten, intensivsten Zeiten erweisen. Gestärkt durch dieses Wissen möchte ich in Zukunft dankbarer leben und fange mit diesem Brief hier an.

Passenderweise steht diesen Monat auf meinem Wandkalender: „Nicht die Glücklichen sind dankbar. Es sind die Dankbaren, die glücklich sind“ (Francis Bacon).

Es drückt Dich ganz lieb und innig
Deine Barbara

Verändernde Worte

Eine linde Antwort stillt den Zorn;
aber ein hartes Wort erregt Grimm.
SPRÜCHE 15,1

Und danach ging (Jesus) hinaus und sah
einen Zöllner mit Namen Levi am Zoll sitzen und
sprach zu ihm: Folge mir nach! Und er verließ alles,
stand auf und folgte ihm nach.
LUKAS 5,27-28

Als sie aber das hörten, ging's ihnen durchs Herz und sie sprachen zu Petrus und den andern Aposteln: Ihr Männer, liebe Brüder, was sollen wir tun? Petrus sprach zu ihnen: Tut Buße und jeder von euch lasse sich taufen auf den Namen Jesu Christi zur Vergebung eurer Sünden, so werdet ihr empfangen die Gabe des heiligen Geistes.

Die nun sein Wort annahmen, ließen sich taufen; und an diesem Tage wurden hinzugefügt etwa dreitausend Menschen.

APOSTELGESCHICHTE 2,37.38.41

Schläft ein Lied in allen Dingen,
die da träumen fort und fort,
und die Welt hebt an zu singen,
triffst du nur das Zauberwort.
JOSEPH VON EICHENDORFF

Wer sich nicht raten lässt,
dem ist auch nicht zu helfen.
BENJAMIN FRANKLIN

Ein gutes Wort richtet mehr aus
als ein Fähnlein Landsknechte.
DEUTSCHES SPRICHWORT

Es gibt gewisse Worte,
die plötzlich, wie ein Blitzstrahl,
ein Blumenland in meinem Innersten auftun,
gleich Erinnerungen
alle Saiten der Äolsharfe berühren,
als: Sehnsucht, Frühling, Liebe, Heimat, Goethe.
JOSEPH VON EICHENDORFF

Ins Feuer

Es geschah während meiner morgendlichen Bibellese. Ich war jung, hatte die ersten zaghaften Schritte als Christ gemacht, da traf mich Gottes Wort: „Legt von euch ab den alten Menschen mit seinem früheren Wandel, der sich durch trügerische Begierden zugrunde richtet. Erneuert euch aber in eurem Geist und Sinn und zieht den neuen Menschen an …“ (Epheser 4,22-24).

Was gehörte zu meinem alten Menschen? Was könnte Gott nicht gefallen? Ich schaute mich in meinem Zimmer um, in meinem Leben. Bücher waren das Erste, was mir in die Augen stach. Es folgten Zeitschriften, Tagebücher, Briefe, Schmuck, Schminke, Klamotten, Erinnerungsstücke an bestimmte Menschen … Ich warf alles in eine Tonne und verbrannte meine Ausbeute hinterm Haus. Eine ganze Woche dauerte diese Säuberungsaktion. Aus heutiger Sicht bin ich damals übers Ziel hinausgeschossen. Doch das Wort hatte mich getroffen, alles Alte, alles, was mich in Versuchung hätte bringen können, musste ausgerottet werden. Danach fühlte ich mich wie neu geboren, frei, befreit, bereit für Gottes neue Kleider.

Morgenpost

Charlotte knallte die Haustür zu. Dieser idiotische Briefträger! Mit seinem Sturmgeläut hatte er sie tatsächlich aus dem Bett gekriegt. Sie drehte ein unauffälliges braunes Päckchen in den Händen und studierte mühselig mit zusammengekniffen Augen den Absender: Paul Baumann. Noch nie gehört.

Sie schwankte in Richtung Küche, bahnte sich einen Weg durch Mülltüten, Schuhe, Zeitungsstapel und Flaschen – und steuerte direkt auf ihr Spiegelbild zu. Eine blasse, hohlwangige Gestalt mit fettigen, zerfransten Haaren glotzte sie an. Keine Spur von der Charlotte von einst. Und der Bademantel! Eklig fleckig mit dunklem Speckkragen.

Sie ließ sich erschöpft auf den Küchenstuhl fallen und zerrte an der Paketschnur herum. Die vertraute Verzweiflung kroch in ihr hoch, schnürte ihr den Hals zu. Sie hielt das nicht mehr aus.

Gestern Abend, bei der letzten Flasche Rotwein aus Johannes' eiserner Reserve, hatte sie beschlossen, den Kopf nicht länger in den Sand zu stecken, sondern sich den Tatsachen zu stellen. Johannes war jetzt sechs Monate tot. Sie würde ihm folgen. Heute. Ihr blieb keine andere Wahl. Er wollte es so.

Charlotte zerriss das Packpapier und pulte einen kleinen Karton zutage. Sie klappte den Deckel auf – ihr stockte der Atem. War das nicht Johannes' Diktiergerät? Mit zitternden Händen entfaltete sie den beigelegten Brief.

„Liebe Frau Sander, ich habe beim Schrotthändler Ersatzteile für meinen Wagen gesucht. Dabei entdeckte ich dieses Diktiergerät unter dem Autositz eines BMWs. Nach dem Abhören der Kassette, verzeihen Sie mir bitte, habe ich nachgeforscht, wem dieser Wagen gehörte. Es tut mir sehr leid für Sie. Diese letzten Worte Ihres Mannes wollte ich Ihnen nicht vorenthalten. Mit herzlicher Anteilnahme – Paul Baumann."

Charlotte krallte sich an der Tischkante fest. Kälte- und Hitzeschauer tobten durch ihren Körper. Ihr wurde schwarz vor Augen. Welche Ironie des Schicksals, diese Stunde der Wahrheit, ausgerechnet heute. Jetzt würde ihr Johannes ins Gesicht schleudern, was sie ohnehin wusste: Sie hatte ihn umgebracht.

Zum tausendsten Mal durchlebte sie in Gedanken jenen letzten Tag. Es war ihr Geburtstag gewesen. Sie hatte Johannes an jenem Morgen eine fürchterliche Szene gemacht. Alle seine Versprechen waren mal wieder verflüchtigt wie heiße Luft. Worte, Worte, immer nur leere Worte. Seine Spezialität. Er würde den ganzen Samstag geschäftlich unterwegs sein. Verblüffend ruhig war er geblieben, was sie noch mehr in Rage trieb.

„Lass uns nicht im Streit auseinander gehen. Ich hab' eine Überraschung für dich. Warte bis heute Abend." Das waren seine letzten Worte.

„Ach, hau doch ab und steck dir deine Überraschung sonst wo hin!", hatte sie ihm hinterher geschrien. Am Abend war er tot. In einer scharfen Linkskurve war er in den Abgrund gestürzt und später verblutet. „Auch Selbstmord ist möglich", bemerkte der Polizeibeamte, da es keine Bremsspuren gab.

Selbstmord! Dieses Wort hatte sich in ihr Gehirn eingraviert. Sie würde zwar nie begreifen, warum er sich getötet hatte, dennoch, sie hatte sich darauf festgelegt. Ihr quälendes Gewissen ließ nichts anderes zu. Sie allein war schuld, das fühlte sie ganz deutlich. Immer tiefer strudelte sie in dieses schwarze Loch. Und Johannes hatte das letzte Wort. Wie immer. Er verschwand einfach. Versaute ihr Vergangenheit und die Gegenwart. Und die Zukunft? Nicht auszudenken! Es gab keine Zukunft.

Selbstmitleid, Wut und Ohnmacht zerfraßen sie. Sie war wütend auf sich, weil sie Johannes aus dem Haus gejagt hatte, wütend auf Johannes, weil er sie so verlassen hatte, wütend auf ihre verpfuschte Ehe, auf dieses verpfuschte Ende. Und sein Abschied? Ganz eindeutig. Er liebte theatralische Auftritte. Das war ein Abgang gewesen!

Charlotte starrte lange das Diktiergerät an. Tak-tak, tak-tak, tak-tak. Ihr Herz klopfte so laut wie die alte Küchenuhr neben dem Tellerbord. Wovor hatte sie Angst? War sie nicht schon tausend seelische Tode gestorben?

„Bringen wir's hinter uns!“ Sie goss sich Cognac in ein Glas, trank ihn hastig aus und schloss das Gerät ans Netz. Play!

„Liebe Charlie, ich bin hier in einer schrecklichen Situation. Ich wollte jetzt eigentlich mit euch feiern, wollte extra früh zu Hause sein, wollte meine Überraschung für dich vor allen Gästen präsentieren … Nur deshalb habe ich heute Morgen nichts gesagt, obwohl du so wütend und enttäuscht warst … Ich habe das neue Projekt abgelehnt und Herrn Gerlach übergeben. Deshalb musste ich heute noch mal weg. Ab Montag arbeite ich zu ganz normalen Bürozeiten. Das hast du dir doch so sehr gewünscht … Ich weiß nicht, wie lange ich noch durchhalte, wann mich jemand findet, mein Unterleib ist eingeklemmt …“ Stop!

Charlotte erstarrte. Wie vom Blitz getroffen saß sie da. Fröstelnd zog sie den Gürtel des Bademantels fester und schlang die Arme um ihren Oberkörper. Tränen verschleierten ihre Augen. Tief drin in ihr fing leise etwas zu bröckeln an, was zu einem harten Klumpen verkrustet war. Sie nahm noch einen Schluck Cognac. Play!

„Ich habe Angst, Charly, schreckliche Angst … Ich möchte nicht sterben, nicht so früh und nicht gerade heute … Du hast recht, wie immer. Es ist wirklich eine amputierte Art von Leben, das ich führe. Wie ich von einem Projekt zum anderen hetze, das wirkliche Leben ständig auf später verschiebe. Was ist das wirkliche, wahre Leben? Ich war so stolz auf meine Erfolge. So süchtig nach mehr! … Wir haben immer noch keinen Segeltörn gemacht … keine Wüstensafari … Und wir haben keine Kinder. Du bist heute 38 – zum ersten Mal sehe ich das relativ.“ Stop!

Oh Gott, Johannes! Er hatte nichts vergessen! Was war bloß mit ihnen geschehen? Mit ihrer Liebe? Mit ihren Träumen? Wie hatte es so weit kommen können, dass sie sich am Ende nur noch verletzt und missverstanden hatten? Play!

„Mir geht so vieles durch den Kopf, so viele ‚hätte' und ‚wäre' … Und die Sache mit Gott? Hat mich nie ernsthaft interessiert … Was, wenn es ihn wirklich gibt? … Alles, was mir wichtig war, schrumpft jetzt zu einem Nichts zusammen … Nur noch einmal mit dir reden, Charlie. … Verzeih mir – ich liebe dich."

Stop, Rewind, Play. Charlotte spielte die Kassette immer wieder ab. Den ganzen Tag. Wie nach einem Dammbruch spülte die Flut ihrer Tränen nach und nach allen Unrat fort: Wut, Hass, Enttäuschung, Selbstmitleid, Anklage. Schöne Momente mit Johannes drangen langsam wieder an die Oberfläche, ihre Liebe zu ihm. Und tiefe Trauer kehrte bei ihr ein, Trauer um die verpasste Chance.

Diese Abschiedsworte ihres Mannes öffneten das Tor für eine Zukunft. Johannes hatte doch das letzte Wort. Wie immer.

Worte, die zu Herzen gehen

Heute wird man von Worten geradezu erschlagen. Mündlich wie schriftlich. Überall wird man zugetextet. Angefangen bei Smalltalk über endloses Plappern über Nichtiges, nur um des Plapperns willen. Flyer, Prospekte, Zeitungen, Werbung, wo man geht und steht, Radio, Fernsehen, Internet mit allen Auswüchsen. Inflation der Worte. Worthülsen ohne Inhalt.

Dennoch gibt es sie, die kostbaren Perlen, die Stecknadeln im Heuhaufen: Worte, die berühren, die zu Herzen gehen, weil sie von Herzen kommen. Worte, die wie ein Sonnenstrahl das Gesicht erhellen. Worte, denen eine Kraft innewohnt, die verändern, aufbauen, weiterführen. Zum Guten wirken.

Es gibt Gold und viel Perlen;
aber ein Mund, der Vernünftiges redet,
ist ein edles Kleinod.
Sprüche 20,15

Dein Wort ward meine Speise, sooft ich's empfing,
und dein Wort ist meines Herzens Freude und Trost;
denn ich bin ja nach deinem Namen genannt,
Herr, Gott Zebaoth.
Jeremia 15,16

Denn also hat Gott die Welt geliebt,
dass er seinen eingeborenen Sohn gab,
damit alle, die an ihn glauben,
nicht verloren werden,
sondern das ewige Leben haben.
JOHANNES 3,16

Denn ich weiß wohl,
was ich für Gedanken über euch habe,
spricht der Herr:
Gedanken des Friedens und nicht des Leides,
dass ich euch gebe das Ende, des ihr wartet.
JEREMIA 29,11

Meine Schafe hören meine Stimme,
und ich kenne sie und sie folgen mir.
JOHANNES 10,27

Brannte nicht unser Herz in uns,
als er mit uns redete auf dem Wege
und uns die Schrift öffnete?
LUKAS 24,32

Schöne Worte, die für sich sprechen:

Ich liebe dich.
Du bedeutest mir sehr viel.
Ich gebe dir mein Wort.
Ich bete für dich.
Ich denke an dich.
Ich halte zu dir.
Auf mich kannst du dich verlassen.
Ich bin immer für dich da.
Gott segne dich.
Versprochen.

Er führte mich hinaus ins Weite

Wunderschön strahlend blauer Himmel, wie immer um diese Jahreszeit. Sabbatmorgen. Mittelmeerstrand. Israel. Ich hatte frei, war ausgeschlafen und fühlte mich großartig. So viele neue Erlebnisse balancierten durch meine Gedanken und wollten sortiert werden. Bewaffnet mit meiner kleinen Reisebibel und meiner Gitarre marschierte ich am Strand entlang und ließ mich an einem abgelegenen Plätzchen hinter einem Felsen nieder. Ich wollte allein sein, beten und singen.

Ich schlug die Bibel auf, blätterte in den Psalmen herum, bis meine Augen an Kapitel 18, Vers

20 hängenblieben. „Er führte mich hinaus ins Weite, er riss mich heraus; denn er hatte Lust zu mir.“ Diese Worte trafen mein Herz. Genauso war es: weiter leerer Sandstrand, weites schäumendes Meer, Rauschen der Wellen, Sonne satt. Gott und ich allein in seiner wunderbaren Schöpfung, in seinem Land, die Heimat unendlich fern und kaum mehr real. Gott allein war es, der mich aus meinem alten Leben herausgerissen, hierher geführt hatte, keine strategische Planung meinerseits, noch eigener Mut – denn er hatte Lust zu mir. Unfassbar! Ich hätte heulen können vor Glück. Tat es auch.

Mein ganzes Leben bis zu diesem Punkt spiegelte sich in dieser Erkenntnis wieder, bekam einen neuen Glanz. Liebeserklärung Gottes: Er hatte Lust zu mir. Rückblickend sah ich überall Gottes sanftes Handeln, seine Führung bis ins Detail. Vor allem das Vorhaben Israel, das sich durch eine Kettenreaktion von „Kleinzufällen“ formiert hatte, ein Wunder. Und diese Sehnsucht nach Gott, die mich seit meiner Kindheit begleitete, Gottes Ziehen von Ferne, das größte Wunder schlechthin. Ich nahm meine Gitarre und spielte und sang einen Psalm nach dem anderen nach eigener Melodie.

Irgendwann stieß ich auf Psalm 37. Und erneut schlugen die Gefühle über mir zusammen. „Habe deine Lust am Herrn, der wird dir geben, was dein Herz wünscht. Befiehl dem Herrn deine Wege und hoffe auf ihn; er wird's wohlmachen" (Verse 34.35). Schlagartig wurde mir bewusst, dass sich genau hier an diesem Ort in Shavei Zion in Israel so ganz nebenbei viele meiner Wünsche erfüllt hatten.

Ich hatte schon immer in ein fernes Land reisen wollen; hier war ich. Ich hatte Gott kennenlernen wollen; hier war er. Ich hatte viele Sprachen lernen wollen; hier konnte ich alles anwenden, was ich bisher gelernt hatte, und täglich Neues dazulernen. Ich arbeitete in einem Erholungsheim für KZ-Geschädigte; zu unseren Gästen zählten Juden aus überwiegend osteuropäischen Ländern, Rumänien, Bulgarien, Ungarn, Polen, Russland und der ehemaligen Sowjetunion. Meine jugendlichen Schwärmereien in Bezug auf die russische Seele und das ungarische Temperament wurden wahr. Und vor allem das Volk Israel, aus der Kinderstunde bekannt als Volk Gottes, war echt und wahr und ich mitten drin.

In meiner politischen Naivität hatte ich ein halbes Jahr davor noch nicht einmal gewusst, dass dieses

Volk heute noch existiert und vor allem nicht, dass es wieder in dem Land angesiedelt war, das es schon zu biblischen Zeiten bewohnt hatte. Und ich hatte es geschafft, mich wider alle Vernunft und Stimmen alleine aufzumachen, mein kleines Dorf zu verlassen, mein Elternhaus, meinen Beruf, meine Freundschaften, meine Hobbys, und in die weite Welt hinauszugehen. Ich wollte mich testen, wie weit ich gehen konnte, ob ich zu Größerem fähig wäre, was genau auch meine Bestimmung sein könnte, wo in der Welt ich gebraucht werden könnte.

Die Wahrheit war: Gott hatte mich hierher geführt. Hatte mir dies alles geschenkt. Weil er mich besser kannte als ich selbst, meine innersten Gefühle, Sehnsüchte, Gaben. Weil er einen Plan für mich hatte. Ich hatte alles verlassen, was mir einst wichtig gewesen war. Und doch fühlte ich mich so reich und geliebt wie nie zuvor. Ohne Vorbehalte. Ohne Anstrengung. Einfach so, wie ich war.

Dabei war dies erst der Anfang. Ich hatte noch keine Ahnung davon, in welche Abenteuer mich das Leben mit Gott noch führen sollte.

Vom Reden und
Schweigen

(Hiobs Freunde) saßen mit ihm auf der Erde
sieben Tage und sieben Nächte
und redeten nichts mit ihm;
denn sie sahen,
dass der Schmerz sehr groß war.
HIOB 2,13

Maria … setzte sich dem Herrn zu Füßen
und hörte seiner Rede zu.
LUKAS 10,39

Wir wissen nicht, was wir beten sollen,
wie sich's gebührt, sondern der Geist selbst vertritt uns
mit unaussprechlichem Seufzen.
RÖMER 8,26B

Wo viel Worte sind,
da geht's ohne Sünde nicht ab;
wer aber seine Lippen im Zaum hält, ist klug.
SPRÜCHE 10,19

Wer Geheimnisse verrät, ist ein Verleumder,
und mit dem, der den Mund nicht halten kann,
lass dich nicht ein.
SPRÜCHE 20,19

Sei nicht schnell mit deinem Munde
und lass dein Herz nicht eilen,
etwas zu reden vor Gott;
denn Gott ist im Himmel und du auf Erden:
darum lass deiner Worte wenig sein.
PREDIGER 5,1

Auch ein Tor, wenn er schwiege,
würde für weise gehalten und für verständig,
wenn er den Mund hielte.
SPRÜCHE 17,28

Mancher hat durch stolzes Schweigen
und durch vornehm stille Art
das Geheimnis seiner Dummheit
bis zu seinem Tod bewahrt.
VERFASSER UNBEKANNT

Wo Worte selten, haben sie Gewicht.
WILLIAM SHAKESPEARE

Wer die Kunst zu schweigen nicht versteht,
der weiß auch nicht zur rechten Zeit zu reden.
HEINRICH IV

Sage nicht alles, was du weißt,
aber wisse immer, was du sagst.
MATTHIAS CLAUDIUS

Die Musik drückt das aus,
was nicht gesagt werden kann
und worüber zu schweigen unmöglich ist.
VICTOR HUGO

Reden ist Silber, Schweigen ist Gold.
DEUTSCHES SPRICHWORT

Wo man am meisten fühlt,
weiß man nicht viel zu sagen.
ANNETTE VON DROSTE-HÜLSHOFF

Wenn über eine dumme Sache
endlich Gras gewachsen ist,
kommt sicher ein Kamel gelaufen,
das alles wieder runterfrisst.
DEUTSCHES SPRICHWORT

Mit wenigen Worten fein kurz anzeigen können,
das ist Kunst und große Tugend.
Torheit aber ist's,
mit viel Reden nichts zu reden.
MARTIN LUTHER

Selbstkritik

Die Selbstkritik hat viel für sich.
Gesetzt den Fall, ich tadle mich;
so hab' ich erstens den Gewinn,
dass ich so hübsch bescheiden bin;
zum zweiten denken sich die Leut,
der Mann ist lauter Redlichkeit;
auch schnapp' ich drittens diesen Bissen
vorweg den andern Kritiküssen;
und viertens hoff' ich außerdem
auf Widerspruch, der mir genehm.
So kommt es denn zuletzt heraus,
dass ich ein ganz famoses Haus.
WILHELM BUSCH

Gott kann durch Steine reden

Sie hatte es kommen sehen. Dennoch, sie hatte sich darauf eingelassen. Wollte guten Willen zeigen, ihr schlechtes Gewissen beruhigen, den Leuten in der Gemeinde einen Gefallen tun. Dazugehören. Und sie hatte gebetet, Gott möge ihren Darm in Schach halten und ihr die passenden Worte in den Mund legen.

Schlossstraßenfest. Die gesamte Innenstadt war ein einziger Rummel. An jedem öffentlichen Platz war eine Bühne aufgebaut, Verkaufsbuden, so weit das Auge reichte, Attraktionen, Straßenkünstler, Musik, Essensdüfte aller Couleur. Menschenmassen schoben sich durch das lärmende Getümmel.

Am Rande des Marktplatzes war es ruhiger. Sie hatte bewusst diesen Ort gewählt, genau vor der Ritterklause, weil sie von hier schnell mal verschwinden konnte, falls es nötig werden sollte. Einen Packen Flyer hatte sie unter die Leute verteilt, beiläufig und ein wenig verhuscht an harmlos dreinschauende Bürger, von denen sie annahm, dass sie keine Lust auf Diskussionen hatten. Sie war nun mal nicht der Typ, der Leute anquatschte; sie würde auch nicht für eine Schokoladenwerbung auf die Straße gehen. Und so sehr sie auch grübelte und Satzteile in ihrem Kopf hin und her jonglierte, sie wusste nie, was sie sagen sollte. Alles kam ihr entweder zu banal oder zu aufgesetzt oder gar aufdringlich vor. „Darf ich Sie zu einem Konzertgottesdienst einladen?“, war das Einzige, was ihr über die Lippen wollte.

Dieser komische Typ da am Fensterplatz der Ritterklause machte sie nervös. Er starrte dauernd zu ihr herüber, lächelte manchmal. Sie fühlte sich irgendwie ertappt. Wäre sie mutig gewesen oder schlagfertig, wäre sie frech in das Lokal marschiert und hätte ihm einen Einladungszettel serviert. „Neugier befriedigt?“ Oder so ähnlich.

Aber sie war nicht mutig und schlagfertig schon gar nicht. Außerdem müsste sie tatsächlich mal rein, ihr Bauch grummelte, der Magen zog sich zusammen, die Hände waren kalt und feucht, typische Anzeichen. Wenn jetzt bloß nicht der Kreislauf schlappmachte, sie kannte das schon. Sie wankte auf ein paar Frauen zu, die gerade den Töpferstand verlassen hatten, und bot so freundlich, wie ihr Zustand es erlaubte, ihre Einladungen an. Plötzlich stand der Typ vom Lokal neben ihr.

„Wollen Sie nicht mal eine Pause machen? Ich spendiere Ihnen einen Kaffee.“

„Danke … nicht nötig … Ich wollte sowieso grad rein“, stotterte sie.

Sie hatte es jetzt eilig, marschierte schnurstracks an ihm vorbei und verschwand in der Damentoilette. Als sie zurückkam, saß der Typ wieder am Fensterplatz und winkte. *Ignorieren,* war ihr erster Impuls. *Einen Tee könnte ich wirklich vertragen,* der zweite. Aber auf eigene Rechnung. Sie setzte sich an seinen Tisch.

„Geht's wieder? Sie sahen aus, als wollten Sie gleich umkippen."

„Alles okay."

„Ich weiß, wie Ihnen zumute ist. Ich kenne das Gefühl."

„Welches Gefühl? – Reizdarm?"

„Ach so! Nein. Das nicht." Es entstand eine Verlegenheitspause.

„Was dann?"

„Das Gefühl, im falschen Film zu sein."

Sie schaute ihn verblüfft an. War er Hellseher oder Psychiater oder so etwas in der Richtung? Oder hatte sie da draußen eine derart schlechte Figur gemacht?

„Kriege ich auch einen Ihrer geheimnisvollen Zettel?"

„Klar doch, natürlich." Das wäre jetzt die Gelegenheit gewesen für ihren Gemeindeeinsatz, und er musste sie auch noch daran erinnern! Sie fummelte einen Flyer aus ihrem Beutel, legte ihn auf den Tisch und bestellte Pfefferminztee.

„Konzertgottesdienst also. Dachte mir so was."

„Gehören Sie auch zu einer Gemeinde?"

„Ja, aber nicht hier. In Osnabrück."

„Tourist oder Student?"

„Beides. Im Moment Tourist auf der Suche nach einer Studentenwohnung."

„Aha. Und was ist mit dem falschen Film?"

„Ja, sehen Sie … verstehen Sie mich bitte nicht falsch … Mir scheint, wir haben ein paar Gemeinsamkeiten …"

Die typische Anmache, schoss es ihr durch den Kopf. Und sie war so doof und fiel darauf rein. Sie war auf Missionseinsatz und ließ sich vom erstbesten Kerl einwickeln.

„Und woran meinen Sie das festmachen zu können? Nase, Stirn, Ohren? Oder wie?" Die aufsteigende Wut lockerte ihre Zunge.

„Eigene Erfahrung. Ich habe Sie eine Weile beobachtet und manche Parallelen entdeckt", sagte er langsam und ernsthaft. „Sie sind nicht der Typ, der Leute anquatscht …"

„Sie schon!"

„… dennoch machen Sie den Eindruck, als ob Sie viel zu sagen hätten – nur eben nicht wahllos verstreut wildfremden Menschen."

„Ach!" Mehr brachte sie nicht heraus. Er hatte den Nagel auf den Kopf getroffen. Sie war ein Unter-vier-Augen-Typ, wie sie es bei sich selbst gern nannte. Oft hatte sie erlebt, dass sich jemand nach Wochen oder Monaten bei ihr bedankte für Ratschläge, Tröstungen, für Mut machende und inspirierende Worte, an die sie sich bei aller Anstrengung nicht mehr erinnern konnte, weil sie sich ganz natürlich aus einem Gespräch heraus ergeben hatten. Das verblüffte sie jedes Mal. Jedoch ohne Grund und persönliche Beziehung wildfremde Menschen anzusprechen kam ihr vermessen vor.

„Aber Sie tun es … genauso, wie ich es tat." Er schaute konzentriert auf seine Espressotasse und fuhr fort: „Ich war 16, als ich eines Tages eine Predigt hörte, in der es darum ging, dass wir Jesus vor den Menschen bekennen sollen. Das traf mich wie der Blitz. Ich war damals sehr schüchtern und hatte noch nie mit jemandem über Jesus gesprochen, obwohl er mir sehr viel bedeutete. Ein enormer Druck baute sich von da an in mir auf, ich wollte ein guter Christ sein und meinte, dauernd von Jesus reden zu müssen, obwohl es mir sehr schwerfiel. Ich nahm auch an einem größeren Missionseinsatz teil, wollte allen beweisen, dass ich unerschrocken für Jesus eintrete." Er machte eine lange Pause.

„Bis … bis ich seelisch so am Ende war, dass ich eines Tages zusammenbrach. Ich wurde krank, zog mich zurück, hatte keine Freunde mehr und auch keinen Frieden. Ich hatte Angst vor Menschen. Angst vor Gott, Angst vor mir selbst. Ich fühlte mich als totaler Versager, hatte mit Gott und den Menschen abgeschlossen. Ich spielte sogar mit dem Gedanken, mir das Leben zu nehmen."

Sie schaute ihn betroffen an. Beide schwiegen und hingen ihren Gedanken nach.

„Gott braucht uns gar nicht, um die Welt zu retten", sagte er plötzlich. „Diese Erkenntnis hat mich geheilt."

„Wer sagt denn so was?"

„Ein erfahrener Christ, der mich aus meiner Krise herausführte. Er sagte zu mir: ‚Ja, du bist völlig untauglich. Du hast auf der ganzen Linie versagt. Du kannst keinen einzigen Menschen bekehren, schon gar nicht die ganze Welt. Und das ist gut so. Das kann niemand, nur Gott allein. Er kann sogar durch Steine reden, wenn er will.'"

„Danke! Diesen Spruch kenn ich! Hat einer aus meiner Gemeinde immer als Ersatzpatrone in der Tasche für Leute, die sich drücken. ‚Wollen wir das wirklich?‘, meint er. ‚Dass Gott durch Steine reden muss, weil wir Menschen versagen?‘“

„Oh, interessante Auslegung. Habe ich noch nie so gehört.“ Er lachte.

„Die gute Nachricht ist: Gott will mich gerne gebrauchen, jedoch nicht, weil er es alleine nicht schafft, sondern damit ich seine Nähe erfahre, damit mein Glaube wächst, meine Beziehung zu ihm. – Ganz einfach und unheimlich befreiend. Ich muss nicht, ich kann. Und seit dieser Druck weg ist und dieses ständige Drandenken, wie könnte ich diesem oder jenem Menschen am effektivsten das Evangelium um den Kopf hauen, komme ich auf seltsam natürliche Weise mit Menschen ins Gespräch. Ich bin, wie ich bin, und verbiege mich nicht mehr. – Übrigens, ich heiße Mark.“

„Janne.“ Sie saß stumm da, kämpfte mit den Tränen und rührte wie wild in ihrem Tee. „Danke, das war die beste Predigt seit Langem“, sagte sie schließlich. „Ich bin so froh, dass du mich angesprochen hast, auch wenn es mir zuerst sehr peinlich war.“

„Ich habe lange überlegt. Je länger ich dich beobachtete, desto deutlicher kamen meine Erinnerungen hoch. Ich musste es einfach tun."

„Aber wir sollen doch unseren Glauben bezeugen?"

„Ja. Schon. Aber je natürlicher das geschieht, desto besser kommt es an. Das unpersönliche Zettel-unter-die-Leute-Streuen kann zu besonderen Anlässen richtig sein, und es gibt Christen, die sind spitze auf diesem Gebiet und machen das sehr gerne. Aber im normalen Leben bin ich in meinem täglichen Umfeld Zeuge, unter Freunden, in der Schule, am Arbeitsplatz. Jeder sieht, wie ich handle, wie ich es z. B. mit der Wahrheit halte oder mit der Nächstenliebe, und stellt Fragen. ‚Ihr werdet meine Zeugen sein', steht in der Bibel, nicht: ‚Ihr müsst.' Das geschieht ganz automatisch. Wir sind Zeugen, so oder so, gute oder schlechte. Jeder Mensch ist anders veranlagt, hat andere Gaben, eine andere Herkunft, andere Erfahrungen. Lass dich nicht in eine christliche Zwangsjacke pressen. Finde durch Gottes Wort und Gebet heraus, was zu dir passt, wie du am besten mit Menschen kannst, wo deine Stärken liegen."

„Eine fällt mir sofort ein: Briefe schreiben", platzt Janne fröhlich heraus. „Da finde ich immer die rechten Worte, wenn ich alleine an meinem Schreibtisch sitze und mich intensiv auf den Empfänger einstelle. Das gelingt mir noch viel besser als Gespräche unter vier Augen. Da bin ich Gott und dem Empfänger ganz nahe und noch echter, direkter, mutiger."

„Leider muss ich mich jetzt verabschieden", sagte Mark, „ich habe einen Termin." Beide bezahlten ihre Getränke, klaubten ihre Sachen zusammen und traten hinaus in das Getümmel. „Dein Einsatz war übrigens nicht vergebens. Vielleicht schaffe ich es noch zu eurem Musikgottesdienst. Und schließlich brauche ich auch eine Gemeinde, wenn ich hier studiere …"

„Dann … bis später?"

Worte des Missbrauchs

Haben wir nicht in deinem Namen …?

Die Kirchengeschichte ist voll von unseligen Taten, in denen Menschen verfolgt, verteufelt und getötet wurden. Angeblich im Namen Gottes. Mit Urteilsbegründungen, die mit Gottes Aussagen in der Bibel nichts zu tun hatten. Man denke nur an die Hexenverbrennungen.

Es gibt jedoch auch religiösen Missbrauch der frommen und gut gemeinten Art, wenn etwa geistliche Führer auf zerstörerische Weise Kontrolle über die ihnen anvertrauten Menschen ausüben. Wenn Bibelzitate als Druck- und Machtmittel dienen.

Jesus sagt:

Seht euch vor vor den falschen Propheten, die in Schafskleidern zu euch kommen, inwendig aber sind sie reißende Wölfe. An ihren Früchten sollt ihr sie erkennen. Kann man denn Trauben lesen von den Dornen oder Feigen von den Disteln? So bringt jeder gute Baum gute Früchte; aber ein fauler Baum bringt schlechte Früchte. Ein guter Baum kann nicht schlechte Früchte bringen und ein fauler Baum kann nicht gute Früchte bringen.

Jeder Baum, der nicht gute Früchte bringt, wird abgehauen und ins Feuer geworfen. Darum: an ihren Früchten sollt ihr sie erkennen.

Es werden nicht alle, die zu mir sagen: Herr, Herr!, in das Himmelreich kommen, sondern die den Willen tun meines Vaters im Himmel.

Es werden viele zu mir sagen an jenem Tage: Herr, Herr, haben wir nicht in deinem Namen geweissagt? Haben wir nicht in deinem Namen böse Geister ausgetrieben? Haben wir nicht in deinem Namen viele Wunder getan?

Dann werde ich ihnen bekennen: Ich habe euch nie gekannt; weicht von mir, ihr Übeltäter!
MATTHÄUS 7,15-23

Du sollst nicht falsch Zeugnis reden
wider deinen Nächsten.
2. MOSE 20,16

Die Worte des Verleumders sind wie Leckerbissen
und gehen einem glatt ein.
SPRÜCHE 18,8

Du sollst den Namen des Herrn,
deines Gottes, nicht missbrauchen;
denn der Herr wird den nicht ungestraft lassen,
der seinen Namen missbraucht.
2. MOSE 20,7

Die Lüge ist wie ein Schneeball;
je länger man sie fortwälzt,
desto größer wird sie.
MARTIN LUTHER

Die Blattlaus vernichtet die Pflanzen,
der Rost Metall und die Lüge die Seele.
ANTON TSCHECHOW

Es gibt Menschen,
die einem kleine Höflichkeiten aufdrängen,
um nachher große Gegenleistungen
verlangen zu können.
AUGUST STRINDBERG

In böser Absicht mitgeteilte Wahrheiten
sind schlimmer als Lügen.
WILLIAM BLAKE

Zorn ist ein Wind,
der das Licht der Vernunft ausbläst.
ROBERT G. INGERSOLL

Zerstörerische
Worte

So ist auch die Zunge ein kleines Glied und richtet große Dinge an. Siehe, ein kleines Feuer, welch einen Wald zündet's an! Auch die Zunge ist ein Feuer, eine Welt voll Ungerechtigkeit. So ist die Zunge unter unsern Gliedern: sie befleckt den ganzen Leib und zündet die ganze Welt an und ist selbst von der Hölle entzündet.
Jakobus 3,5-6

Wer unvorsichtig herausfährt mit Worten,
sticht wie ein Schwert,
aber die Zunge der Weisen bringt Heilung.
Sprüche 12,18

Du bist der Herr deiner Worte,
doch einmal ausgesprochen,
beherrschen sie dich.
Sprichwort aus Schottland

Es stolpern mehr Menschen über ihre Zunge
als über ihre Füße.
Tunesische Weisheit

Von einem Ausgleiten des Fußes
wirst du dich schnell erholen;
ein Ausgleiten der Zunge wirst du nie überwinden.
BENJAMIN FRANKLIN

Ein Nörgler ist ein Mensch, der –
wenn er kein Haar in der Suppe findet –
solange den Kopf schüttelt, bis eines hineinfällt.
LOTHAR SCHMIDT

Dietrichs Irrtum

Es war ein ganz normaler Donnerstag, so normal, wie Donnerstage bei Dietrich eben sind: Sie unterschieden sich in nichts von allen anderen Werktagen. Und es waren auch nur ein paar dahin gesagte Worte, die Dietrichs Welt ins Wanken brachten.

„Es wird doch noch Regen geben", dachte Dietrich. Es war ungewöhnlich schnell dunkel geworden, vor seinem Bürofenster zogen sich schwarze Wolken zusammen. Die letzten bunten Herbstblätter des Kastanienbaumes, die vor einer Stunde noch friedlich und golden in der Nachmittagssonne geschimmert hatten, wirbelten aufgebracht durch die Luft.

Dietrich sortierte seine Akten für den nächsten Tag, legte die Mappe griffbereit in die erste

Schreibtischschublade, spitzte zwei Bleistifte an und pustete ein paar Krümel vom Tisch. Dann nahm er das silbergerahmte Foto in die Hand und betrachtete es versonnen und andächtig.

„Du kannst stolz auf mich sein, Rosi. Du könntest jederzeit wiederkommen. Ich habe nichts verändert, seit du weg bist. Sogar deine Kleider hängen noch im Schrank.“ Dietrich stellte das Bild mit einem wohligen Seufzer an seinen Platz zurück. Ja, seine Rosi. Sie war wie ein Mast, an den er sich klammerte, ohne es zu merken. Es verging kein Tag, an dem er sich nicht prüfte, ob seine Rosi mit ihm zufrieden wäre. Ebenso verhielt es sich mit seiner Firma. 35 Jahre und sieben Monate arbeitete er jetzt bei Hanssen & Sohn. Hier fühlte er sich sicher und geborgen wie in einer großen Familie, war ein kleines Rad in einem gut funktionierenden System. Mehr brauchte er nicht. Dietrich verschloss seine Schreibtischschubladen, zog seinen grauen Wollmantel an und verließ um 17.30 Uhr sein Büro.

Leise vor sich hin summend wanderte Dietrich durch den langen Flur und auf den Ausgang zu. Plötzlich horchte er auf. War da nicht irgendwo sein Name genannt worden? Die Tür zu Kollege Brenneckes Büro war nur angelehnt. Während er noch darüber nachsann, ob er lauschen oder weitergehen sollte, lachte plötzlich jemand schallend, und Brennecke gab zurück: „Ach, der Dietrich! Den nimmt doch keiner wirklich ernst. Der wird nur geduldet, weil er schon seit Ewigkeiten hier arbeitet und niemand es übers Herz bringt, ihm zu sagen, dass seine Arbeitsmethode längst überholt ist. Ist ein armer Kerl. Er hat doch sonst nichts."

Dietrichs Herz krampfte sich zusammen. Eine heiße Welle stieg in ihm hoch, machte ihn schwindlig. Benommen taumelte er weiter, dieses abscheuliche Lachen in den Ohren. Ausgelacht hatten sie ihn! Einfach ausgelacht!

Das freundliche „Pünktlich wie immer, Herr Dietrich" des Pförtners nahm er wie durch einen Schleier wahr. Es mutierte in seinen Gedanken zu einem hässlichen Grinsen. Nur raus hier! Nichts wie raus!

Draußen schlug ihm der Wind ins Gesicht, die ersten dicken Tropfen prasselten auf Dietrich nieder. Er atmete tief durch und spannte seinen Taschenschirm auf. Der Wind zerrte jedoch so heftig daran, dass der Schirm nach oben klappte und sich verbog. Dietrich warf ihn in den nächsten Papierkorb.

„Geduldet – armer Kerl – Arbeitsmethode überholt – er hat doch sonst nichts.“ Wie ein Killerbienenschwarm schwirrten diese Satzbrocken in seinem Kopf herum. Sie ließen sich nicht abschütteln, schlugen immer unbarmherziger zu. Die Anerkennung in seiner geliebten Firma, die Freundlichkeit der Kollegen, hatte er sich das jahrelang eingebildet?

Die drei Minuten bis zur Bushaltestelle kamen Dietrich wie eine Ewigkeit vor. „Sauwetter heute“, begrüßte ihn lachend Busfahrer Paschke, der schon jahrelang den Bus der Linie 60 fuhr und immer guter Laune war. Dietrich traute seinen fünf Sinnen nicht mehr. Waren Paschkes Ohren schon immer so groß gewesen, seine Nase so hässlich? „Auch er spielt nur Theater“, durchfuhr es ihn. Er murmelte eine unverständliche Antwort und glaubte, einen verächtlichen Zug in Paschkes Gesicht entdeckt zu haben.

Dietrich setzte sich auf seinen Stammplatz und flüchtete in Gedanken zu Rosi. Doch selbst Rosi entzog sich ihm, so sehr er sich auch mühte; ihr Gesicht ging in dem Wirbelsturm seiner Gedanken unter: Brennecke, das laute Lachen, der Pförtner, Paschke, Rosi, die Firma – alles schwirrte durcheinander, verzerrte sich, mischte sich neu zu immer absurderen Bildern. Und alle lachten, lachten …

„Alles in Ordnung, Herr Dietrich?" Dietrich schreckte hoch und blickte in Paschkes besorgtes Gesicht. Der Bus hatte in der Goethestraße angehalten, hier musste er raus. Inzwischen war der böige Wind einem satten Landregen gewichen. Dietrich spürte die Nässe nicht, sah nichts, hörte nichts. Mit gesenktem Kopf und hängenden Schultern trottete er mechanisch den Weg nach Hause. Etwas in ihm war zerbrochen, was ihn sein Leben so zufrieden hatte leben lassen.

Triefend nass und zitternd betrat Dietrich seine kalte Wohnung. Er kochte sich nichts zu essen, schaltete nicht den Fernseher an, saß einfach nur da in seinem Sessel und starrte vor sich hin. Als ihn das Zittern immer heftiger schüttelte, schleppte er sich in die Küche, machte sich Wasser heiß und trank einen starken Grog. Schließlich legte er sich ins Bett.

Am nächsten Morgen verschlief Dietrich, zum ersten Mal in seinem Leben. Er fühlte sich elend, betrogen und nutzlos. Seines inneren Halts beraubt, konnte er sich fortan zu nichts mehr aufraffen und verfiel nach und nach. Er kehrte nie wieder an seinen Arbeitsplatz zurück.

3. Worte, die beflügeln

Bedeutende Worte

Das erste gesprochene Wort, meistens „Mama“, ist für Eltern eines Kindes von großer Bedeutung und wird oft ein Leben lang festgehalten. Auf das erste geschriebene Wort reagiert das Kind selbst voller Stolz und Freude. Daneben hat jeder Mensch seine persönlichen Worte, die ihm besonders wertvoll sind, die an besondere Erfahrungen oder Erlebnisse erinnern. Gute wie schlechte.

„Es ist vollbracht!“

Die bedeutsamsten und folgenschwersten Worte überhaupt, Jesu letzte Worte am Kreuz. Damit war seine Mission hier auf Erden beendet. Seitdem hat jeder Mensch, ohne Ansehen der Person oder Herkunft, der den Opfertod Jesu für seine Schuld in Anspruch nimmt, freien Zugang zu Gott.

Luthers 95 Thesen

Als der Prediger Martin Luther am 31. Oktober 1517 in Wittenberg seine Thesen veröffentlichte, hatte er keine Ahnung, was sich daraus entwickeln sollte. Luther hatte intensiv Gottes Wort studiert und anhand dessen viele Missstände in seiner Kirche erkannt, vor allem den Ablasshandel, mit dem die Kirche in ganz Europa Geld eintrieb, um den

Neubau des Petersdoms in Rom zu finanzieren. Luthers Worte führten nicht nur zur Reformation, sondern mischten infolge ganz Europa auf und mündeten schließlich in den Dreißigjährigen Krieg (1618–1648).

Ja, ich will!

Eheversprechen vor dem Traualtar auf die Frage des Pastors: (Name), vor Gott, dem Allwissenden, und in Gegenwart dieser Zeugen frage ich dich: Willst du (Name) als deine Ehefrau/deinen Ehemann aus Gottes Hand nehmen, sie/ihn lieben und ehren, in Freud und Leid nicht verlassen und den Bund der Ehe mit ihr/ihm heilig und unverbrüchlich halten, bis der Tod euch scheidet?

Vaterunser

Unser Vater im Himmel!
Dein Name werde geheiligt.
Dein Reich komme.
Dein Wille geschehe
wie im Himmel so auf Erden.
Unser tägliches Brot gib uns heute.
Und vergib uns unsere Schuld,
wie auch wir vergeben unsern Schuldigern.

Und führe uns nicht in Versuchung,
sondern erlöse uns von dem Bösen.
Denn dein ist das Reich und die Kraft
und die Herrlichkeit in Ewigkeit. Amen.
MATTHÄUS 6,9

Kleine Auswahl an Worten,
die die Welt bewegten

Mary had a little lamp.
THOMAS EDISON
(die ersten Worte, die er ins Telefon sprach)

Say, Ma, listen to this.
DIE ERSTEN WORTE,
DIE MAN IM KINO HÖREN KONNTE
(Mit der Uraufführung von „The Jazz Singer"
am 23. Oktober 1927 begann die Tonfilm-Ära.)

Ich bin ein Berliner.
JOHN F. KENNEDY
(am 26. Juni 1963 vor dem
Schöneberger Rathaus in Berlin)

I have a dream.
MARTIN LUTHER KING
(am 28. August 1963 in Washington
vor ca. 250 000 Zuschauern)

That's one small step for man
but one giant leap for mankind.
NEIL ARMSTRONG
(vor der ersten Landung auf dem Mond
am 21. Juli 1969)

Wir sind das Volk.
Parole bei den Montagsdemonstrationen in Leipzig
(kurz vor dem Mauerfall im Herbst 1989,
Phrase aus „Dantons Tod“ von Georg Büchner)

Liebe Landsleute, wir sind zu Ihnen gekommen,
um Ihnen mitzuteilen, dass heute Ihre Ausreise …
Bundesaussenminister Genscher
(sein unvollendeter Satz
vom Balkon der Deutschen Botschaft
in Prag am 30. September 1989)

Hier stehe ich, ich kann nicht anders,
Gott helfe mir, Amen!
Martin Luther
(am Ende seiner Rede
auf dem Reichstag in Worms 1521)

Auch wenn ich wüsste,
dass morgen die Welt zugrunde geht,
würde ich heute noch einen Apfelbaum pflanzen.
Martin Luther

Wir schaffen das!

BUNDESKANZLERIN ANGELA MERKELS

(ihre drei berühmten Worte im Herbst 2015 anlässlich der Flüchtlingswelle)

Danke für diesen guten Morgen …

MARTIN GOTTHARD SCHNEIDER

Mit diesem Kirchenlied stürmte Martin Gotthard Schneider 1963 die deutschen Charts und hielt sich sechs Wochen lang unter den beliebtesten Hits. Es wurde in mehr als 25 Sprachen übersetzt und in viele Gesangbücher aufgenommen. Die Popgruppe „Die Ärzte“ brachte es in einer Punkfassung heraus.

Schneider komponierte „Danke“ 1961 für den Wettbewerb der Evangelischen Akademie Tutzing für neue geistliche Lieder und gewann den ersten Preis.

Geflügelte Worte

Mein unermesslich Reich ist der Gedanke,
und mein geflügelt Werkzeug ist das Wort.
FRIEDRICH SCHILLER

Die kürzesten Wörter, nämlich ja und nein,
erfordern auch das meiste Nachdenken.
PYTHAGORAS

Gespräch ist gegenseitige distanzierte Berührung.
CHRISTIAN MORGENSTERN

Manche Leute werden hauptsächlich
deshalb für gebildet gehalten,
weil ihnen das wenige, was sie wissen,
im richtigen Augenblick einfällt.
FRIEDRICH JULIUS STAHL

Interessante Selbstgespräche setzen
einen klugen Partner voraus.
H. G. WELLS

Jedes Wort ist ein Zeichen, das etwas bedeutet.
Am Wort erkennt man des Menschen Herz.
MARTIN LUTHER

Buchstaben - Wort - Buch

Wenn von Büchern oder vom Schreiben die Rede ist, denkt man zuerst an Schriftsteller und Dichter. Sie sind Wortmaler, Wortakrobaten, Buchstabenfanatiker, Zeilenzauberer, Satzkonstrukteure, Schreibkünstler, deren wichtigstes Instrument Worte sind, das Schreibprodukt eine neue Schöpfung.

Das Wort – kleines Ding mit Sprengkraft.
Buchstaben – winzige Bauteilchen,
Worte – Mosaiksteinchen
in der Kunst des Büchermachens.
Aus Worten wird ein Satz,
aus Sätzen eine Geschichte,
aus Geschichten ein Buch.
Aus Büchern eine ganze Industrie.
Neue Welten mit Licht- und Schattenseiten

Worte sind Luft.
Aber die Luft wird zum Wind.
Und Wind macht die Schiffe segeln.
GOTTHOLD EPHRAIM LESSING

Von allen Welten, die der Mensch erschaffen hat,
ist die der Bücher die Gewaltigste.
HEINRICH HEINE

In einem guten Buch stehen mehr Weisheiten,
als sein Verfasser hineinzuschreiben meinte.
MARIE VON EBNER-ESCHENBACH

Denn was man schwarz auf weiß besitzt,
kann man getrost nach Hause tragen.
JOHANN WOLFGANG VON GOETHE

Es gibt Bücher, die uns
in einer einzigen Stunde mehr erleben lassen,
als das Leben uns in zwanzig Jahren gewährt.
OSCAR WILDE

Literatur ist im Grunde genommen die Kunst,
Außergewöhnliches an gewöhnlichen Menschen zu
entdecken und darüber mit gewöhnlichen Worten
Außergewöhnliches zu sagen.
BORIS PASTERNAK

Die besten Bücher sind nicht die, die uns satt,
sondern die, die uns hungrig machen,
hungrig auf das Leben.
GORCH FOCK

Manches Buch wirkt wie ein Schlüssel
zu fremden Sälen des eigenen Schlosses.
FRANZ KAFKA

Bücher sind Bienen, die lebenzeugenden
Blütenstaub von einem Geist zum anderen tragen.
JAMES RUSSELL LOWELL

Es geht mit Geschichten wie mit vielen Menschen –
sie werden mit zunehmendem Alter schöner,
und das ist erfreulich.
HANS CHRISTIAN ANDERSEN

Die großen Schriftsteller
sagen die schwierigsten Dinge
mit den einfachsten Worten,
die Stilgaukler machen es umgekehrt.
SCHOPENHAUER

Schreiben ist leicht,
man muss nur die falschen Wörter weglassen.
MARK TWAIN

Der Dichter trägt Welten in sich –
und darum ist der Dichter immer reich,
auch wenn er Hungers stürbe.
RAINER MARIA RILKE

Der Leser hat es gut:
Er kann sich seine Schriftsteller aussuchen.
KURT TUCHOLSKY

Das Amt des Dichters
ist nicht das Zeigen der Wege,
sondern vor allem das Wecken der Sehnsucht.
HERMANN HESSE

Ein kleines Lied

Ein kleines Lied, wie geht's nur an,
dass man so lieb es haben kann.
Was liegt darin? Erzähle!

Es liegt darin ein wenig Klang,
ein wenig Wohllaut und Gesang,
und eine ganze Seele.
MARIE VON EBNER-ESCHENBACH

4. Worte zum Abschied

Segnende Worte

Großvater und der Segen

Mein Großvater war ein sehr gläubiger Mann. Der sonntägliche Gottesdienst war für ihn der Höhepunkt der Woche; auch als er immer gebrechlicher und schwerhöriger wurde, hielt ihn nichts und niemand davon ab. Auf die Frage, ob er denn überhaupt etwas von der Predigt mitbekomme, sagte er: „Nein. Gar nichts." Er gehe vor allem deshalb hin, um sich den Segen für die neue Woche abzuholen. Den brauche er mehr denn je.

Der Herr denkt an uns und segnet uns.
PSALM 115,12

Der hohepriesterliche Segen

Und der Herr redete mit Mose und sprach: Sage Aaron und seinen Söhnen und sprich: So sollt ihr sagen zu den Israeliten, wenn ihr sie segnet:

Der Herr segne dich und behüte dich;

der Herr lasse sein Angesicht leuchten über dir und sei dir gnädig;

der Herr hebe sein Angesicht über dich und gebe dir Frieden.

4. MOSE 6, 22-26

Alter irischer Reisesegen

Der Herr sei vor dir, um dir den rechten Weg zu zeigen.

Der Herr sei neben dir, um dich in die Arme zu schließen und dich zu schützen.

Der Herr sei hinter dir, um dich zu bewahren vor der Heimtücke böser Menschen.

Der Herr sei unter dir, um dich aufzufangen, wenn du fällst, und dich aus der Schlinge zu ziehen.

Der Herr sei in dir, um dich zu trösten, wenn du traurig bist.

Der Herr sei um dich herum, um dich zu verteidigen, wenn andere über dich herfallen.

Der Herr sei über dir, um dich zu segnen.

So segne dich der gütige Gott.

Afrikanischer Segen

Der Herr segne dich.

Er erfülle deine Füße mit Tanz und deine Arme mit Kraft.

Er erfülle deine Augen mit Lachen.

Er erfülle deine Ohren mit Musik und deine Nase mit Wohlgerüchen.

Er erfülle deinen Mund mit Jubel und dein Herz mit Freude.

Er gebe dir die Kraft, der Hoffnung ein Gesicht zu geben.

Letzte Worte

Siehe, ich bin bei euch alle Tage bis an der Welt Ende.
JESUS IN MATTHÄUS 28,20

Vater, ich will, dass, wo ich bin, auch die bei mir seien, die du mir gegeben hast, damit sie meine Herrlichkeit sehen, die du mir gegeben hast; denn du hast mich geliebt, ehe der Grund der Welt gelegt war.
JESUS IN JOHANNES 17,24

In meines Vaters Hause sind viele Wohnungen. Wenn's nicht so wäre, hätte ich dann zu euch gesagt: Ich gehe hin, euch die Stätte zu bereiten? Und wenn ich hingehe, euch die Stätte zu bereiten, will ich wiederkommen und euch zu mir nehmen, damit ihr seid, wo ich bin.
JESUS IN JOHANNES 14,2-3

Unser Bürgerrecht aber ist im Himmel; woher wir auch erwarten den Heiland, den Herrn Jesus Christus, der unsern nichtigen Leib verwandeln wird, dass er gleich werde seinem verherrlichten Leibe nach der Kraft, mit der er sich alle Dinge untertan machen kann.
PAULUS IN PHILIPPER 3,20-21

Ich bezeuge allen, die da hören die Worte der Weissagung in diesem Buch:

Wenn ihnen jemand etwas hinzufügt, so wird Gott ihm die Plagen zufügen, die in diesem Buch geschrieben stehen. Und wenn jemand etwas wegnimmt von den Worten des Buchs dieser Weissagung, so wird Gott ihm seinen Anteil wegnehmen am Baum des Lebens und an der heiligen Stadt, von denen in diesem Buch geschrieben steht.

Johannes in Offenbarung 22,18-19

Der letzte Sommer

Dunkle Wolken hatten die ganze Welt zu einer bedrohlichen Masse verwandelt. Der Regen prasselte hernieder, als wären alle Schleusen des Himmels offen. Auch die Scheibenwischer ächzten unter der Last des Wassers und quälten sich mühsam über die Frontscheibe. Tränen rannen über meine Wangen und raubten mir vollends die Sicht; der Berg aus Papiertaschentüchern neben mir wuchs gigantisch. So konnte ich unmöglich weiterfahren. Ich stellte den Motor ab, kroch in meine Jacke, zog die Knie bis ans Kinn, schlang die Arme um die Beine und weinte hemmungslos. Endlich konnte ich meinen Gefühlen freien Lauf lassen!

Diesmal war alles so anders gewesen. Besuchte ich sonst meine Heimat, freute ich mich tagelang vorher, Verwandte und Freunde wieder zu sehen, Erinnerungen auszutauschen, die vertraute Umgebung zu genießen. Und genauso fröhlich und begeistert reiste ich nach den Urlaubstagen wieder ab. Doch vor dieser Reise hatte ich mich sehr gefürchtet. Wie würde ich meinen Vater antreffen? Wie begegnete ich ihm? Was sollte ich mit ihm reden? Konnte ich mit ihm sogenannte „letzte Worte“ austauschen? Meine Därme verschnürten sich mehr und mehr, je näher das Ziel rückte, ein schwerer Stein in der Brust bereitete mir Atembeschwerden.

Nach stundenlanger, anstrengender Fahrt war ich auf die Schnellstraße Richtung Tübingen abgebogen. Ab hier regten sich heimatliche Gefühle. Nie war mir die Landschaft so malerisch, abwechslungsreich und wunderschön erschienen wie diesmal. Sanfte Hügel wechselten mit ebenso sanft geschwungenen Tälern ab. Pralle Obstbaumwiesen und goldgelbe Kornfelder, dazwischen einige Sonnenblumenfelder und Gemüse aller Art zeugten von Fruchtbarkeit, Fleiß und Bodenständigkeit. Auf die letzten fünf Kilometer freute ich mich besonders. Kurz vor Tübingen, bevor die Straße wieder ins Tal führte, lag eine kleine Hochebene und von hier aus hatte man einen grandiosen Ausblick. Abrupt hielt ich an. Das ganze Panorama der Schwäbischen Alb umarmte in einer liebevollen Geste die vor mir liegende Landschaft. Ganz links breitete sich Reutlingen aus, und am rechten Ende der Bergkette konnte man mit geübtem Auge noch die Burg Hohenzollern ausmachen, bevor die Skyline sich auflöste. Die Spätnachmittagssonne tauchte die Kulisse in ein rotgoldenes Licht. „Das ist die Bühne meiner Kindheit", durchfuhr es mich. Vor diesem Hintergrund hatte sich alles abgespielt, was mich geprägt, geformt, erzogen hat. Meine Kindheit, meine Jugendzeit, meine erste große Liebe. Dieses Panorama war immer da gewesen wie ein stiller Beobachter. Alles andere hatte sich verändert. Neue Siedlungen, neue Straßen, neue Menschen.

Mein Vater sah fast so aus wie immer. Etwas grauer im Gesicht, die Augenringe dunkler, die Schultern schmaler, umarmte er mich wortlos und innig. Er redete nie viel. Er war wie ich, wir verstanden uns stets ohne Worte. Geistig wach und rege und mit einem Blick für das Wesentliche, war jede Geste, jedes Wort ein Volltreffer. Schon als kleines Mädchen war ich meinem Vater seelisch näher gewesen als meiner Mutter. Ein verstehender Blick, ein Händedruck, und alle Angst vor richtigen oder falschen Worten verflog im Nu.

Ich verlebte einige unvergesslich schöne Tage in dem kleinen Dorf meiner Kindheit. War es Zufall, war es Absicht? Mein Vater führte mich jeden Abend an einen seiner Lieblingsplätze. Mal lauschten wir Vogelstimmen (er kannte alle Vogelarten), mal verfolgten wir von einer idyllisch gelegenen Bank aus den Bachlauf, wie er sich silbrig plätschernd dahinschlängelte und im Wald verschwand. Früher war es ihm manchmal gelungen, Forellen mit der bloßen Hand zu fangen. Dann wieder zeigte er mir, wo die herrlichsten Himbeeren wuchsen, und wir pflückten eine Kanne voll. Umgeben vom Duft frischen Heus erzählte mein Vater voller Sehnsucht, dass er eigentlich hatte Förster werden wollen, aber der Krieg hatte alle Pläne zerstört. Überhaupt der Krieg. Das war immer sein Tabuthema gewesen. Und ist es bis zuletzt geblieben. Nach fünfjähriger russischer Gefangenschaft war er krank und ausgezehrt nach Hause zurückgekehrt. Danach war für Weiterbildung weder Kraft noch Zeit noch Muße gewesen.

„Weißt du", sagte er eines Abends, als wir uns an dem klaren Sternenhimmel erfreuten, „ich habe bis zu diesem letzten Sommer gebraucht, um annähernd zu begreifen, wie wunderbar und bis ins Kleinste durchdacht unsere Welt beschaffen ist. – Wie wird es erst im Himmel sein?“ Er nahm meine Hand und hielt sie lange fest. Ich verstand. Er war bereit zu gehen. Er hatte Frieden mit Gott geschlossen.

Diese vertraulichen Abenderlebnisse gruben sich schmerzhaft in mein Herz. Sie waren ein Neuentdecken meiner Heimat mit den Augen meines Vaters und ein Abschiednehmen zugleich. Ich fühlte mich wieder wie ein kleines Mädchen. Diese Augenblicke waren einzigartig und kostbar und voller Melancholie. Ich hatte Heimweh! Zum ersten Mal in meinem Leben. Ich, die Weltenbummlerin, die für gewöhnlich damit prahlte, sich an jedem Ort wohlzufühlen. Heimweh gepaart mit Abschiedsschmerz.

Und der Abschied von meinem Vater tat sehr weh. Er war für immer. Wir wussten es beide, auch wenn wir nicht darüber sprachen. Der Krebs war zu weit fortgeschritten und nicht mehr heilbar.

Mit dem Tod meines Vaters wird auch ein Stück Heimat sterben. Die vertraute Landschaft wird zwar Erinnerungen wecken, aber ohne Menschen, die mir nahestehen, zu denen ich nach Hause kommen kann, fehlt das Wesentliche. Nur Landschaft allein repräsentiert Vergangenheit. Es war einmal … Nichts wird mehr sein, wie es war!

Ich kramte das letzte Papiertaschentuch aus der Handtasche und betupfte mein verquollenes Gesicht. Der Regen hatte aufgehört. Die Wolken lockerten sich langsam auf; schüchtern zwängten sich die ersten Sonnenstrahlen durch das dichte Grau. Ich schälte mich aus meiner Trauerhöhle, dehnte die verkrampften Muskeln und blickte erstaunt in die Runde. Ich hatte an meiner Lieblingsstelle angehalten. Ein letzter Blick zurück auf den Schauplatz meiner Kindheit, dann startete ich den Motor und fuhr entschlossen los. Mein Mann und meine Kinder warteten auf mich.

Der Bibelkuchen

Wer hätte gedacht, dass man aus Bibelversen ein Kuchenrezept zusammenstellen kann? Sie müssen schon eifrig im Buch der Bücher blättern, um die Zutaten für diesen Teig herauszufinden. Und wo etwas nicht ganz eindeutig erscheint, entscheiden Sie nach bestem Wissen und Gewissen. Sie haben doch schon öfter Kuchen gebacken – oder?

Zutaten:

1 ½ Tassen	5. Mose 32,14a
6 Stück	Jeremia 17,11
2 Tassen	Richter 14,18a
4 ½ Tassen	1. Könige 5,2
2 Tassen	1. Samuel 30,12a
3 Teelöffel	Backpulver
¾ Tasse	1. Korinther 3,2
2 Tassen	Nahum 3,12
1 Tasse	4. Mose 17,23b
1 Prise	3. Mose 2,13
3-4 Teelöffel	Jeremia 6,20

Zubereitung:
Man behandle den Teig gemäß Sprüche 23,14a.

Tipps:
Für 500 g Honig (das entspricht 2 Tassen) braucht man ein Päckchen Backpulver. Der Teig ist ziemlich flüssig.

Backzeit:
Etwa 90 Minuten bei 160-175°.

Wir pflügen und wir streuen
Den Samen auf das Land,
doch Wachstum und Gedeihen
steht in des Himmels Hand:
der tut mit leisem Wehen
sich mild und heimlich auf
und träuft, wenn wir heim gehen,
Wuchs und Gedeihen drauf.
Alle gute Gabe
Kommt her von Gott, dem Herrn,
drum dankt ihm, dankt,
drum dankt ihm, dankt
und hofft auf ihn!

Matthias Claudius

Gebet

Ein Wort allein, klein, unscheinbar,
doch es kann so viel:
Aufbauen und zerstören,
segnen und fluchen.
Lass mir das stets vor Augen sein.

Herr, segne meine Ohren,
dass ich deine Stimme heraushöre
aus all den Stimmen,
die mich umschwirren.

Berühre mich durch dein Wort,
verändere mich durch dein Wort.
Lass dein Wort in mir wachsen und reifen,
um wiederum die rechten Worte zu haben,
für den, der mir heute begegnet.
Lege deine Worte in meinen Mund.

Amen.

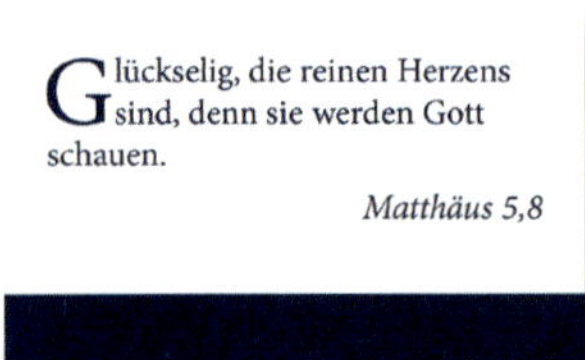

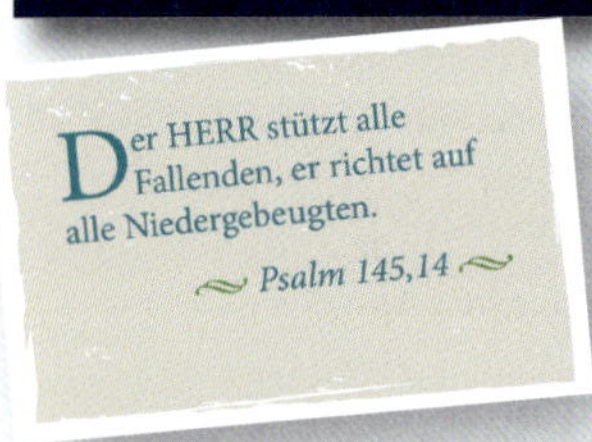

Worte, die verändern
62 Bibelverse zum Mitnehmen, Lesen, Auswendiglernen

Box, 8,5 x 5,5 cm
Best.-Nr. 272 101

Gottes Wort hat lebensverändernde Kraft. Mit diesen Kärtchen können Sie wichtige Verse jederzeit mit sich tragen, um sie immer wieder lesen und diese Kraft erfahren zu können. Die Box kann auch als Kartenhalter genutzt werden.

Mutmach-Box

62 Bibelverse zur Ermutigung

Box, 8,5 x 5,5 cm
Best.-Nr. 272 102

Eine Box voller kleiner Mutmacher: Hier finden Sie 62 Kärtchen im handlichen Format mit ermutigenden Bibelversen. Die Box eignet sich gleichzeitig als praktischer Aufsteller.

Sei getröstet

62 Bibelverse für schwere Zeiten

Box, 8,5 x 5,5 cm
Best.-Nr. 272 103

Jeder braucht hin und wieder Trost. In dieser Box finden sich 62 Kärtchen mit Versen aus der Bibel, die den wertvollsten Trost bieten, den wir bekommen können: den Trost, der auf Gott gründet. Die Kärtchen können der eigenen Stärkung und Ermutigung dienen, eignen sich aber auch als Geschenk – z. B. für einen Krankenbesuch.

Bildnachweise

Fotos im Innenteil:

S. 8 Hildegard Fillbrandt

S. 10-11 (aufgeschlagenes Buch) Shutterstock.com/ I. Grasbergs

S. 12 (Blitz) Shutterstock.com/Kucher Serhii

S. 22, 36, 66, 84, 98, 112, 128-129 Anna Knopf

S. 28 (Samenkörner) Shutterstock.com/aboikis

S. 32 (Brot und Ähren) Shutterstock.com/Pinkyone

S. 44 (Hände mit Bibel) Shutterstock.com/hidesy

S. 50 (Buch mit Kerze) Shutterstock.com/Freedom Studio

S. 54-55 (zwei Hände) Shutterstock.com/SvetaZi

S. 56 (Junge mit Bibel) Shutterstock.com/Anelina

S. 62 (Mann mit ausgetreckten Armen) Shutterstock.com/ Allison Achauer

S. 76 (Geschenk mit Herzen) Shutterstock.com/ Anatoliy Cherkas

S. 102 (weinende Frau) Shutterstock.com/Aristaetle7

S. 110-111 (Adler) Shutterstock.com/FloridaStock

S. 116 (Skateboarder) Shutterstock.com/kaca kaca

S. 120 (fliegende Buchseiten) Shutterstock.com/Shevs

S. 122 (Bücherregal) Shutterstock.com/jorisvo

S. 130 (Regenbogen) Shutterstock.com/Jaroslav Bartos

S. 134 (Grabstein) Shutterstock.com/Stuart Monk

S. 142 (Mandeln mit Honig) Shutterstock.com/Ledo

S. 146 (Hände im Gebet) Shutterstock.com/Allyson Kitts

Hintergründe:

S. 7 (Feder und Tintenfass auf altem Papier) Shutterstock.com/Leigh Prather

S. 9 Shutterstock.com/Color Symphony

S. 13-21, 37-43, 57-61, 103-109, 121-127, 143-145 Shutterstock.com/Fedorov Oleksiy

S. 23-27 Shutterstock.com/photolinc

S. 29-31, 51-53, 117-119, 147 Shutterstock.com/Apostrophe

S. 33-35 Shutterstock.com/Robyn Mackenzie

S. 45-49, 77-83 Shutterstock.com/Anelina

S. 63-75, 113-115 Shutterstock.com/Greg und Jan Ritchie

S. 85-97, 131-133 Shutterstock.com/Apostrophe

S. 99-101, 135-141 Shutterstock.com/Triff